保育士・幼稚園教諭
小学校教諭養成のための

ピアノテキスト

楽典・身体表現教材 付

全国大学音楽教育学会 九州地区学会 編

カワイ出版

はじめに

　本書は、1992年に本学会編として出版した保育士、幼稚園教諭養成課程用ピアノテキストの内容を一新し、小学校教諭養成課程においても活用できるように、内容の一層の充実と使いやすさをねらいとして編集したものです。

　全国大学音楽教育学会・九州地区学会の創立30周年記念事業として、本書を出版いたします。

　新編の内容は、ピアノ未経験者を含む初心者の学生たちが、短期間で子どもの歌の伴奏及び身体表現教材を弾けるように、学習の道筋を示し、実践的で使いやすいものとなるよう、編集に様々な工夫をしました。

　編集に当たっては、長年にわたり音楽教育の研究に携わっている本学会の会員15名が、編集委員として慎重に検討を重ねてまいりました。

　本テキストの特長は、以下のとおりです。

1. 全体を「楽典」「基礎教材」「小学校音楽科〈共通教材〉」「身体表現教材」「補充教材」の5部構成とし、練習問題、譜例、簡潔な説明文を挿入しました。楽譜に記載されている音符や記号等の理解とピアノの演奏とを絡み合わせながら、効率よく学習を進めていくことができるよう工夫しています。

2. 短期間で幼児曲及び小学校音楽科共通教材を伴奏するために必要なテクニックを身に付けられるように、簡易伴奏の練習課題を充実させ、実践的内容にしました。各調のコードネームと和音記号の両方を理解し、演奏できるよう工夫しています。

3. 子どもたちの身体表現を引き出すためには、留意すべきことが沢山あります。身体表現教材には、実際に子どもと係わる時の参考にして頂きたい弾き方のポイントや、言葉かけ等の具体的な説明を充実させています。

　子どもたちが笑顔で歌い、踊る姿を見ると、つい笑みがこぼれ幸せを感じます。現場の子どもたちが日常の中でもっと楽しく歌い踊るには、ピアノ伴奏は不可欠です。

　どうぞこのピアノテキストを活用され、子どもの幸せの一端を担う音楽を、小学校、幼稚園、保育園現場に溢れさせて頂くことを願います。

全国大学音楽教育学会

九州地区学会

会長　米倉慶子

目　次

楽典の基礎

1. 五線と加線 ································· 6
2. 音部記号と大譜表 ···················· 6
   〔練習問題1〕 ································· 7
3. 音名と階名 ································· 7
4. 変化記号 ····································· 9
   〔練習問題2〕 ································· 9
5. 音符と休符 ······························· 10
   〔練習問題3〕 ······························· 11
6. 拍子とリズム ··························· 12
   〔練習問題4〕 ······························· 13
7. 音程 ··· 15
   〔練習問題5〕 ······························· 16
8. 音階と調 ··································· 17
   〔練習問題6〕 ······························· 18
9. 調号 ··· 18
   〔練習問題7〕 ······························· 19
10. 省略記号 ··································· 20
    〔練習問題8〕 ······························· 21
11. 強弱記号 ··································· 22
12. 速度標語 ··································· 22

練習問題の解答 ································· 23
〈資料〉カデンツ一覧表 ··················· 26

基礎教材

5指の基本練習 ······························· 28
1　バイエル No.3 より ··············· 29
2　バイエル No.4 より ··············· 29
3　バイエル No.5 より ··············· 29
4　バイエル No.6 より ··············· 29
5　バイエル No.7 より ··············· 29
6 ·· 30
7　バイエル No.11 より ············· 30
8　バイエル No.19 より ············· 30
9　バイエル No.16 より ············· 31

タイの練習 ······································ 31
10　バイエル No.29 より ··········· 31

和音奏の練習 ·································· 32
11 ·· 32
12　きらきら星 ··························· 32
13　分散和音奏 ··························· 32

簡易伴奏の楽譜を書く練習 ·········· 33
14①　かわはよんでいる ············ 33
14②　とんぼのめがね ··············· 33
14③　こぎつね ··························· 34

♩. ♪のリズム練習 ······················· 34
15　バイエル No.48 ···················· 34

$\frac{3}{8}$・$\frac{6}{8}$拍子の練習 ····················· 35
16　バイエル No.59 ···················· 35
17　バイエル No.66 ···················· 36
18　思い出のアルバム ··············· 37

全音符から16分音符までの練習 ··· 38
19　バイエル No.86 ···················· 38

ハ長調の練習 ·································· 40
20①　スケール ··························· 40
20②　カデンツ ··························· 40
21　どんぐりころころ ··············· 40
22　たきび ··································· 40
23　おはようのうた（東私幼） ··· 41

24 朝のうた	41
25 おはようのうた	42
26 おべんとう	42
27 さよならのうた	43
28 おかえりのうた	43
29 バイエル No.90	44

ト長調の練習 ……………………………… 45
30 ① スケール	45
30 ② カデンツ	45
31 みずあそび	45
32 山の音楽家	45
33 大きな古時計	46
34 バイエル No.78	47

ヘ長調の練習 ……………………………… 48
35 ① スケール	48
35 ② カデンツ	48
36 チューリップ	48
37 お正月	48
38 おかたづけ	48
39 バイエル No.96	49

ニ長調の練習 ……………………………… 50
40 ① スケール	50
40 ② カデンツ	50
41 めだかの学校	50
42 こいのぼり	51
43 とけいのうた	51
44 バイエル No.80	52

イ短調の練習 ……………………………… 53
45 ① スケール	53
45 ② スケール	53
45 ③ カデンツ	53
46 バイエル No.91	54

小学校音楽科 〈共通教材〉

〔第1学年〕
47 うみ	55
48 かたつむり	55
49 ひのまる	56
50 ひらいたひらいた	56

〔第2学年〕
51 かくれんぼ	57
52 はるがきた	57
53 虫のこえ	58
54 夕やけこやけ	58

〔第3学年〕
55 うさぎ	59
56 茶つみ	59
57 春の小川	60
58 ふじ山	60

〔第4学年〕
59 さくらさくら	61
60 とんび	62
61 まきばの朝	63
62 もみじ	64

〔第5学年〕
63 こいのぼり	65
64 子もり歌1	66
65 子もり歌2	66
66 スキーの歌	67
67 冬げしき	68

〔第6学年〕
68 越天楽今様	69
69 おぼろ月夜	70
70 ふるさと	70
71 われは海の子	71

身体表現教材

〈基礎的な動き〉

1 あるく・はしる …… 74
- 1 …… 74
- 2 …… 76
- 3 …… 76
- 4 …… 77
- 5 …… 77

2 とぶ・はねる …… 78
- 6 …… 78

3 ゆれる …… 80
- 7 …… 80

4 はう …… 81
- 8 …… 81
- 9 …… 81

5 まわる …… 82
- 10 …… 82
- 11 …… 82
- 12 …… 83
- 13 …… 83
- 14 …… 84

〈自由表現教材〉

- 1 うさぎ・かえる・カンガルー・バッタになって …… 85
- 2 ぞうの散歩 …… 85
- 3 はらぺこおおかみ …… 86
- 4 ことりになって …… 87
- 5 木の葉になって …… 88
- 6 ロケット …… 89

補充教材

〈ピアノ教材〉
- 1 バイエル No.100 …… 90
- 2 アラベスク（ブルクミュラー） …… 92
- 3 ソナチネ（クレメンティ Op.36-1） …… 94

〈歌唱教材〉
- 4 すてきなパパ …… 96
- 5 お母さん …… 96
- 6 おもちゃのチャチャチャ …… 97
- 7 線路はつづくよどこまでも …… 98
- 8 たなばたさま …… 99
- 9 ハッピー・バースディ・トゥ・ユー …… 99
- 10 うれしいひなまつり …… 100

〈身体表現教材〉
- 11 みつばちマーチ …… 101
- 12 ミッキーマウス・マーチ …… 102
- 13 おもちゃのマーチ …… 103
- 14 白熊のジェンカ …… 104
- 15 おおかみがきたぞ～ …… 105
- 16 TARO MARCH …… 106
- 17 ぞうさん …… 106
- 18 ケンパであそぼう …… 107

楽典の基礎

1 五線と加線

- **五線** ……… 音楽を記録するために用いられる5本の平行な線のこと。
- **加線** ……… 五線よりも高い音や低い音を記入する場合、必要に応じて五線の上下に短い線を補う。この書き足した線のことを加線という。

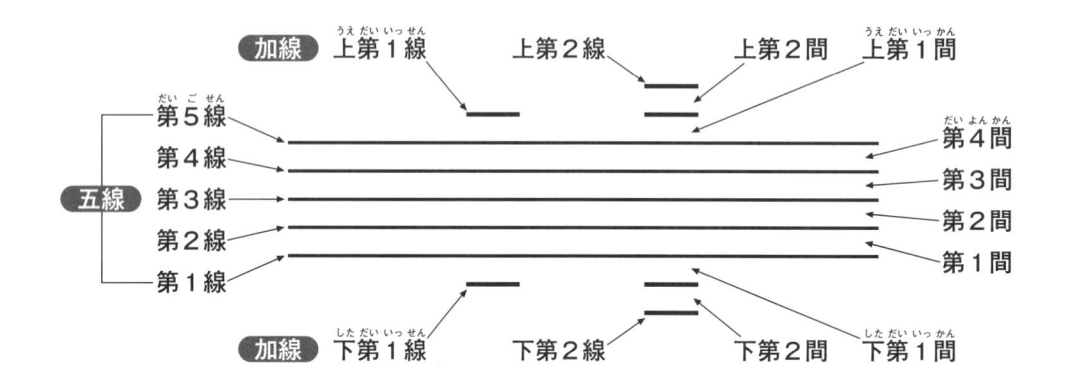

2 音部記号と大譜表

- **音部記号** ……… ピアノの楽譜ではト音記号とヘ音記号が用いられる。
- **ト音記号** ……… 高音部記号ともいう。ト音記号で記された譜表をト音譜表(高音部譜表)と呼ぶ。ト音記号はGが変化して模様化したもので、第2線がト音であることを示す。
- **ヘ音記号** ……… 低音部記号ともいう。ヘ音記号で記された譜表をヘ音譜表(低音部譜表)と呼ぶ。ヘ音記号はFが変化して模様化したもので、第4線がヘ音であることを示す。
- **大譜表** ……… ト音譜表とヘ音譜表を結びつけたものを大譜表という。

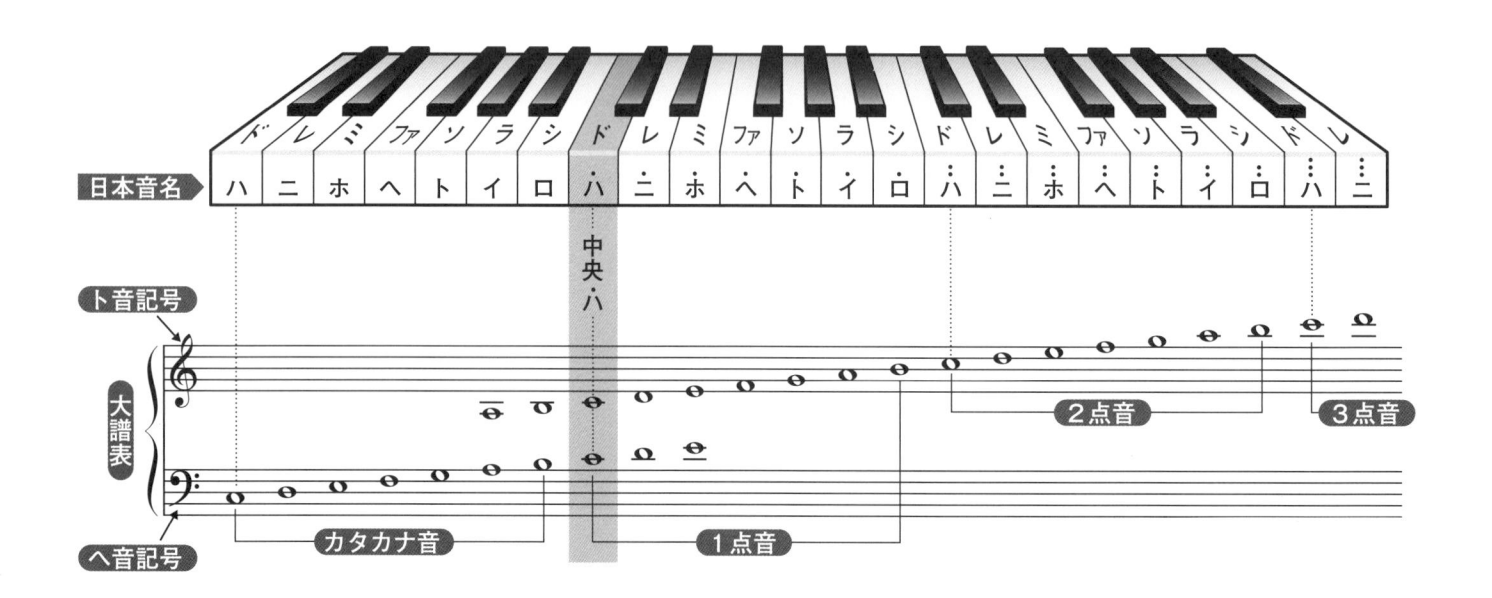

練習問題 1

ト音記号、ヘ音記号を書いてみよう。

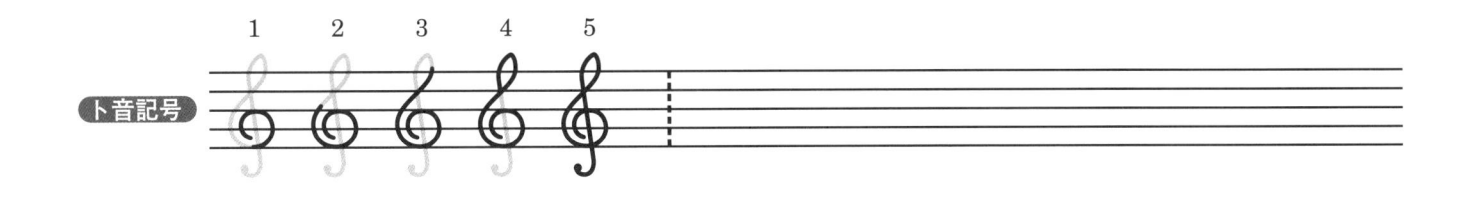

3 音名と階名

- ▶ **音名** .... 音楽に使用されている音に付けられた固有の名称。
- ▶ **階名** .... 調に応じて決まる音の呼称。
- ▶ **固定ド唱法（音名唱法）** ...... ハ長調の第一音を常に「ド」として、調が変わっても「ド」と固定して呼ぶ方法。
- ▶ **移動ド唱法（階名唱法）** ...... 調に応じて、その音階の第一音を「ド」と読み替えて呼ぶ方法。

(1) **幹音名**　♯や♭がついていない音名のこと。

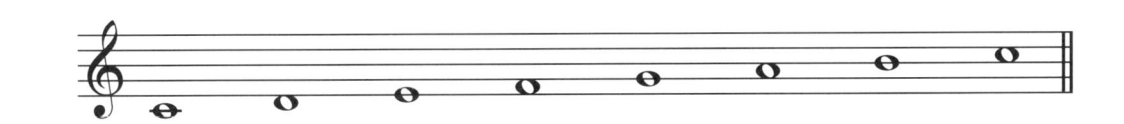

イタリア音名	Do	Re	Mi	Fa	Sol	La	Si	Do
（読み）	ド	レ	ミ	ファ	ソ	ラ	シ	ド
日本音名	ハ	ニ	ホ	ヘ	ト	イ	ロ	ハ
ドイツ音名	C	D	E	F	G	A	H	C
（読み）	ツェー	デー	エー	エフ	ゲー	アー	ハー	ツェー
英米音名	C	D	E	F	G	A	B	C
（読み）	シー	ディー	イー	エフ	ジー	エー	ビー	シー

楽典の基礎

(2) 派生音名　♯や♭がついている音名のこと。

① ♯により半音上げられた音の音名

イタリア音名 （読み）	Do♯	Re♯	Mi♯	Fa♯	Sol♯	La♯	Si♯	Do♯
	音名後に diesis（ディエスィス）をつける							
日本音名	嬰ハ	嬰ニ	嬰ホ	嬰ヘ	嬰ト	嬰イ	嬰ロ	嬰ハ
ドイツ音名	Cis	Dis	Eis	Fis	Gis	Ais	His	Cis
（読み）	ツィス	ディス	エイス	フィス	ギス	アイス	ヒス	ツィス
英米音名	C♯	D♯	E♯	F♯	G♯	A♯	B♯	C♯
（読み）	音名後に sharp（シャープ）をつける							

② ♭により半音下げられた音の音名

イタリア音名 （読み）	Do♭	Re♭	Mi♭	Fa♭	Sol♭	La♭	Si♭	Do♭
	音名後に bemolle（ベモーレ）をつける							
日本音名	変ハ	変ニ	変ホ	変ヘ	変ト	変イ	変ロ	変ハ
ドイツ音名	Ces	Des	Es	Fes	Ges	As	B	Ces
（読み）	ツェス	デス	エス	フェス	ゲス	アス	ベー	ツェス
英米音名	C♭	D♭	E♭	F♭	G♭	A♭	B♭	C♭
（読み）	音名後に flat（フラット）をつける							

4 変化記号

▶ **変化記号** ……… ある幹音の高さを変化させるために用いられる記号のこと。

記号	英・米	意味
♯	シャープ	幹音を半音上げる
♭	フラット	幹音を半音下げる
×(♯♯)	ダブルシャープ	幹音を2半音上げる (♯で半音高くした音をさらに半音高くする)
♭♭	ダブルフラット	幹音を2半音下げる (♭で半音低くした音をさらに半音低くする)
♮	ナチュラル	変化した音を元の幹音にもどす

▶ **調号** …………… それぞれの調が何調であるのかを示す変化記号のこと。調号として書かれた変化記号は、全ての同音名に有効である。

▶ **臨時記号** ……… 変化させたい音に一時的につける変化記号のこと。同一小節内でその記号以降の同じ高さの音に限り有効であり、1オクターブ以上隔たった音には無効である。また、臨時記号のつけられた音がタイによって結ばれている場合は、小節線をまたいだ先にある音も有効となる。

練習問題 2

(1) ピアノテキストの No.8 (P.30) ～ No.10 (P.31) の楽譜を階名 (ドレミ) で読んでみよう。

(2) 例に従って、次の音の日本音名と鍵盤の番号を答えよう。

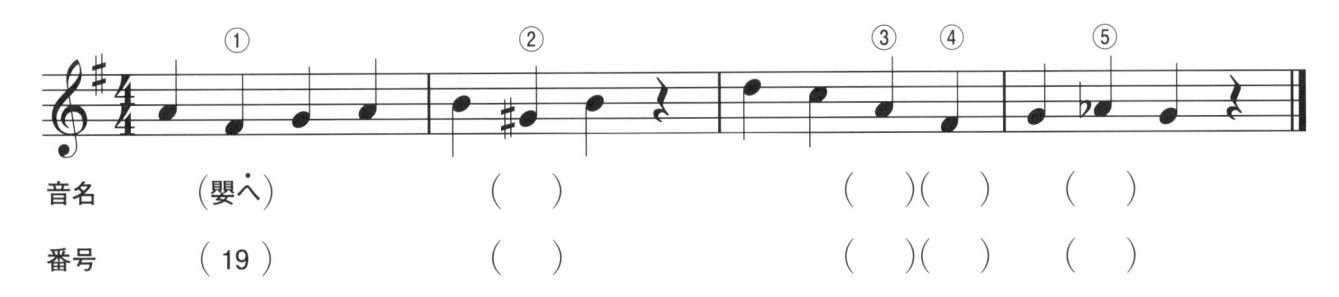

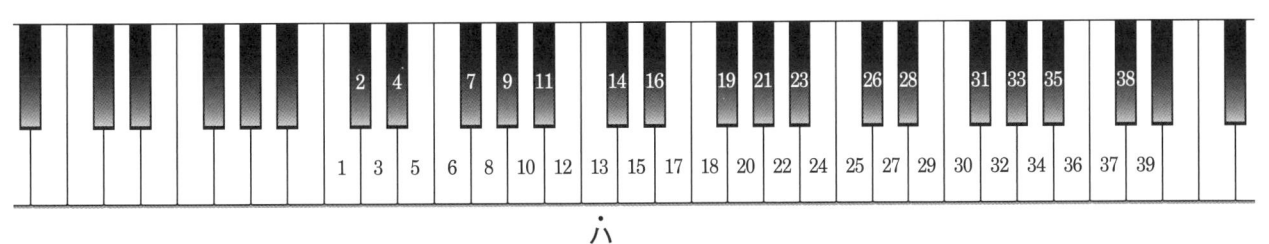

音名　（嬰ヘ）　　　（　）　　　（　）（　）　（　）

番号　（19）　　　（　）　　　（　）（　）　（　）

(3) 次の音の日本音名を答え、前ページの図の鍵盤の番号も答えよう。

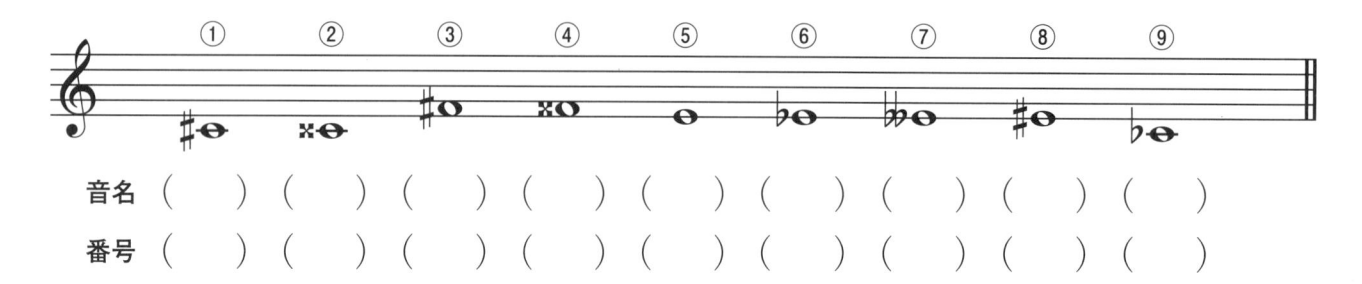

音名 ( ) ( ) ( ) ( ) ( ) ( ) ( ) ( ) ( )

番号 ( ) ( ) ( ) ( ) ( ) ( ) ( ) ( ) ( )

(4) ( ) の音を日本音名で答えよう。

① ( )   ② ( )

③ ( )   ④ ( )

5 音符と休符

名 称	音 符	名 称	休 符
全音符	𝅝	全休符	𝄻
二分音符	𝅗𝅥　𝅗𝅥	二分休符	𝄼　𝄼
四分音符	♩　♩　♩　♩	四分休符	𝄽　𝄽　𝄽　𝄽
八分音符	♪♪♪♪　♫　♫	八分休符	𝄾𝄾𝄾𝄾𝄾𝄾𝄾𝄾
十六分音符	♬♬♬♬♬♬♬♬♬♬♬♬	十六分休符	𝄿𝄿𝄿𝄿𝄿𝄿𝄿𝄿𝄿𝄿𝄿𝄿

この全休符は1小節休む（2拍子は2拍、3拍子は3拍休む）。

●付点音符・付点休符

名 称	音符	元の音符＋$\frac{1}{2}$	名 称	休符	元の休符＋$\frac{1}{2}$
付点二分音符	𝅗𝅥.	𝅗𝅥 ＋ ♩	付点二分休符	𝄼・	𝄼 ＋ 𝄽
付点四分音符	♩.	♩ ＋ ♪	付点四分休符	𝄽・	𝄽 ＋ 𝄾
付点八分音符	♪.	♪ ＋ ♬	付点八分休符	𝄾・	𝄾 ＋ 𝄿

●複付点音符・複付点休符

名 称	音符	元の音符＋$\frac{1}{2}$＋$\frac{1}{4}$	名 称	休符	元の休符＋$\frac{1}{2}$＋$\frac{1}{4}$
複付点二分音符	𝅗𝅥..	𝅗𝅥 ＋ ♩ ＋ ♪	複付点二分休符	𝄼..	𝄼 ＋ 𝄽 ＋ 𝄾
複付点四分音符	♩..	♩ ＋ ♪ ＋ ♬	複付点四分休符	𝄽..	𝄽 ＋ 𝄾 ＋ 𝄿

●連符

三連符　＝　三連符　＝　二連符

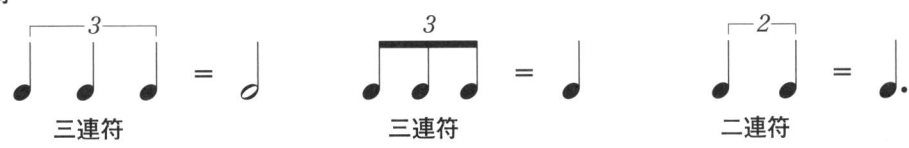

練習問題 3

(1) 次の（　）内に適する音符や休符を一つ入れよう。

① (♩) ＋ ♩ ＝ 𝅗𝅥　　② 𝄾 ＋ 𝄾 ＝ (　)　　③ ♪. ＝ (　) ＋ ♪

④ ♪ ＋ ♪ ＋ (　) ＝ ♩.　　⑤ 𝅗𝅥 ＋ ♩ ＝ (　)　　⑥ 𝄽 ＋ (　) ＝ 𝄼・

⑦ ♩ － ♪ ＝ (　)　　⑧ 𝅗𝅥. － 𝅗𝅥 ＝ (　)　　⑨ 𝄼 － 𝄼 ＝ (　)

(2) 次の音符を一つにまとめると、どのような音符になるか書きなさい。

① ♪. ♬ ＝ (♩)　　② ♬♬ ＝ (　)　　③ ♬♪ (3) ＝ (　)

④ ♩ ＋ ♬ ＝ (　)　　⑤ ♬♬ ＝ (　)　　⑥ ♩. ＋ ♪ ＝ (　)

6 拍子とリズム

- ▶**拍**　　　　音楽の流れの基本単位で、拍には強拍と弱拍がある。
- ▶**拍子**　　　一定数の拍の集まりを拍子という。強拍と弱拍の繰り返しのパターンにより拍子ができる。
- ▶**小節**　　　拍子の一単位を縦線によって区切られた部分を小節といい、小節の一拍目は強拍である。
- ▶**小節線**　　小節を区切る縦線のことを小節線という。
- ▶**複縦線**　　音楽の大きな区切りや拍子、速度、調が変化する時などに用いる。
- ▶**終止線**　　全曲の終わりを示す線である。

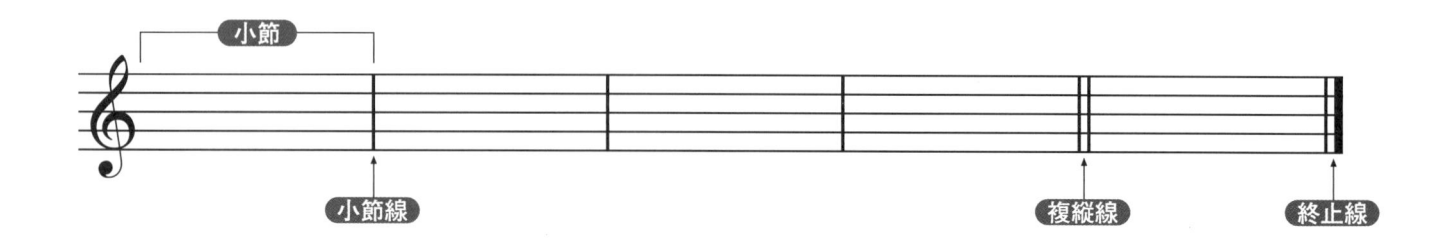

(1) 拍子記号

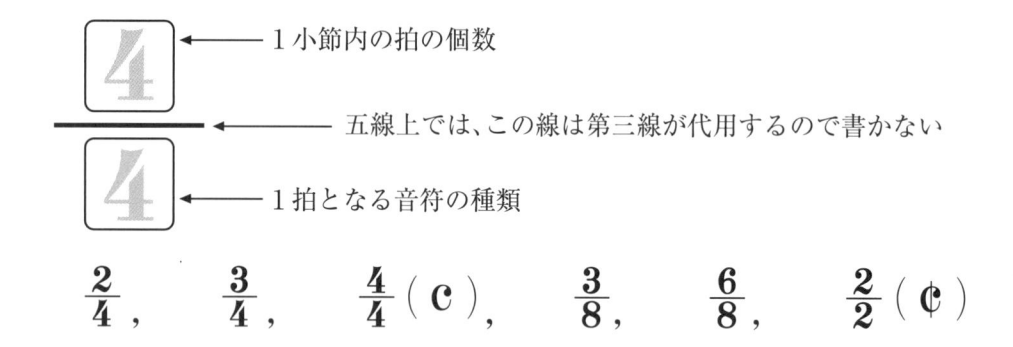

$\frac{4}{4}$ ← 1小節内の拍の個数

―― ← 五線上では、この線は第三線が代用するので書かない

$\frac{4}{4}$ ← 1拍となる音符の種類

$\frac{2}{4}$, $\frac{3}{4}$, $\frac{4}{4}$ (C), $\frac{3}{8}$, $\frac{6}{8}$, $\frac{2}{2}$ (¢)

(2) 弱起(アウフタクト)

小節の1拍目(強拍)から始まる曲を強起といい、小節の途中(弱拍)から始まる曲を弱起(アウフタクト)という。

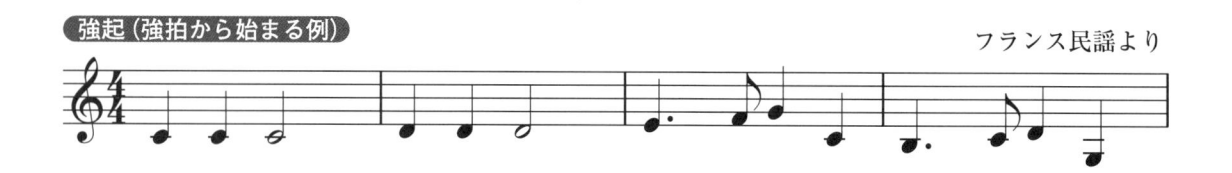

強起(強拍から始まる例)　フランス民謡より

弱起(弱拍から始まる例)　「大きな古時計」より

①拍 ←……………… 合わせて4拍 ………………→ ③拍

練習問題 4

(1) □の中に正しい長さの音符と休符をそれぞれ一つずつ書き入れてみよう。

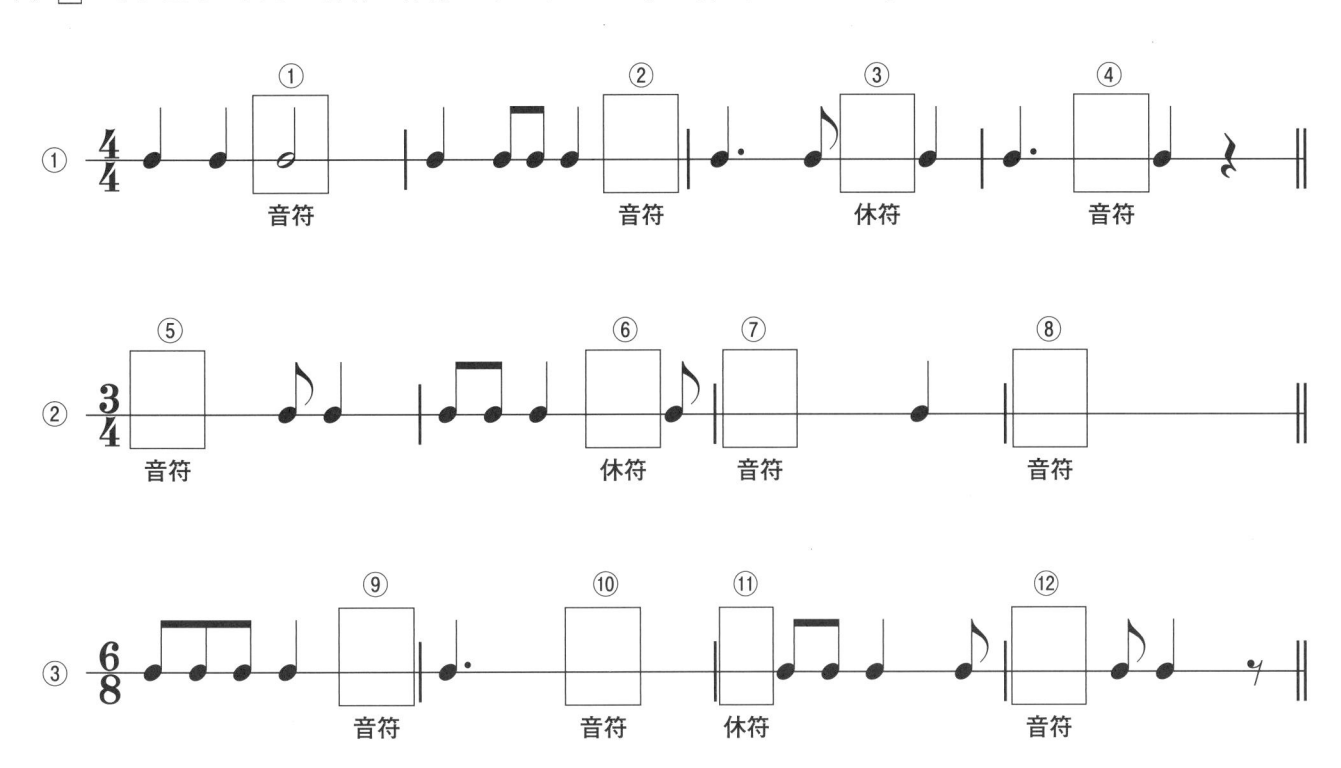

① 4/4拍子

① 音符　② 音符　③ 休符　④ 音符

② 3/4拍子

⑤ 音符　⑥ 休符　⑦ 音符　⑧ 音符

③ 6/8拍子

⑨ 音符　⑩ 音符　⑪ 休符　⑫ 音符

(2) 次の拍子になるように小節線と終止線を書き入れてみよう。

① 4/4拍子

② 3/4拍子

③ 6/8拍子

楽典の基礎　13

(3) 次のリズムを打ってみよう。

7 音程

▶音程 ………… 音と音の高さの隔たりのことを音程といい、音程は「度」という単位で表す。音程は、度数の前に「完全・長・短・増・減」などをつけて、より厳密に表すことができる。「完全・長・短・増・減」の、どれがつくかは、2音間に含まれる半音の数によって決まる。

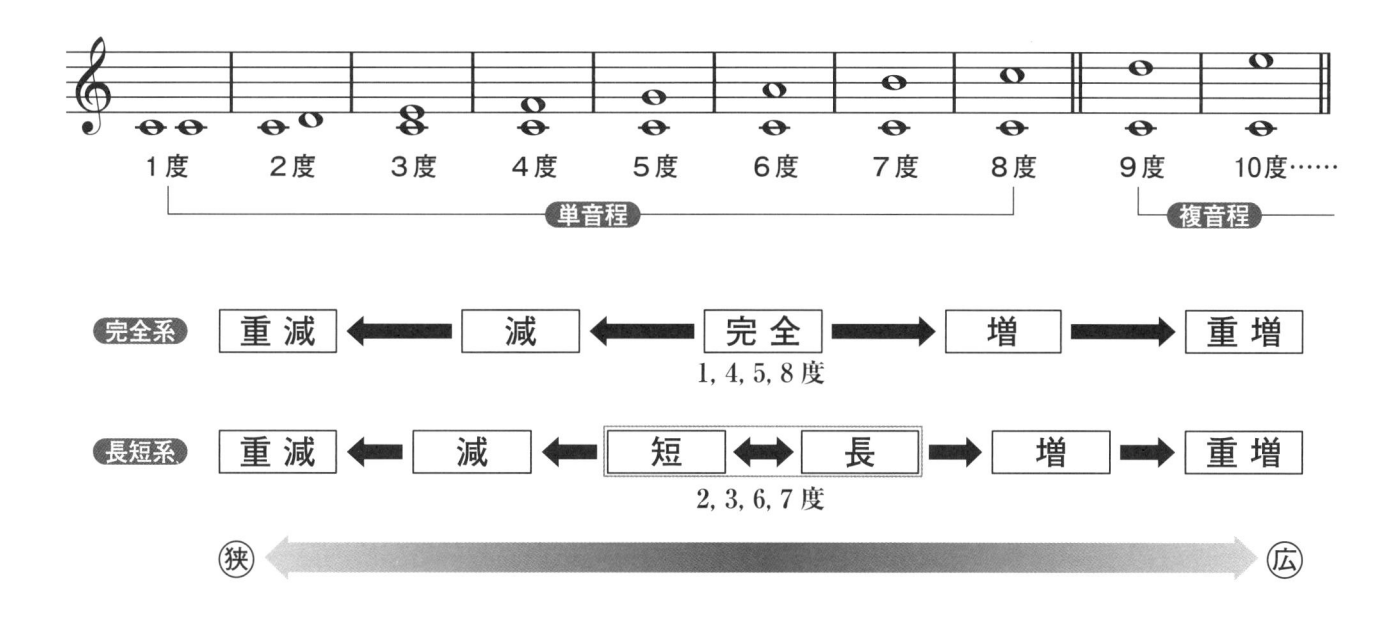

完全系： 重減 ← 減 ← 完全（1, 4, 5, 8度） → 増 → 重増

長短系： 重減 ← 減 ← 短 ↔ 長（2, 3, 6, 7度） → 増 → 重増

狭 ←―――――――――――――→ 広

● 幹音の場合（8度までの単音程）

	度数	半音の数：0	半音の数：1	半音の数：2
完全音程	1度	完全1度（同音）		
長・短音程	2度	長2度（全音）	短2度（半音）	
	3度	長3度	短3度	
完全音程	4度		完全4度	
	5度		完全5度	
長・短音程	6度		長6度	短6度
	7度		長7度	短7度
完全音程	8度			完全8度

楽典の基礎

練習問題 5

(1) 音程を答えよう。

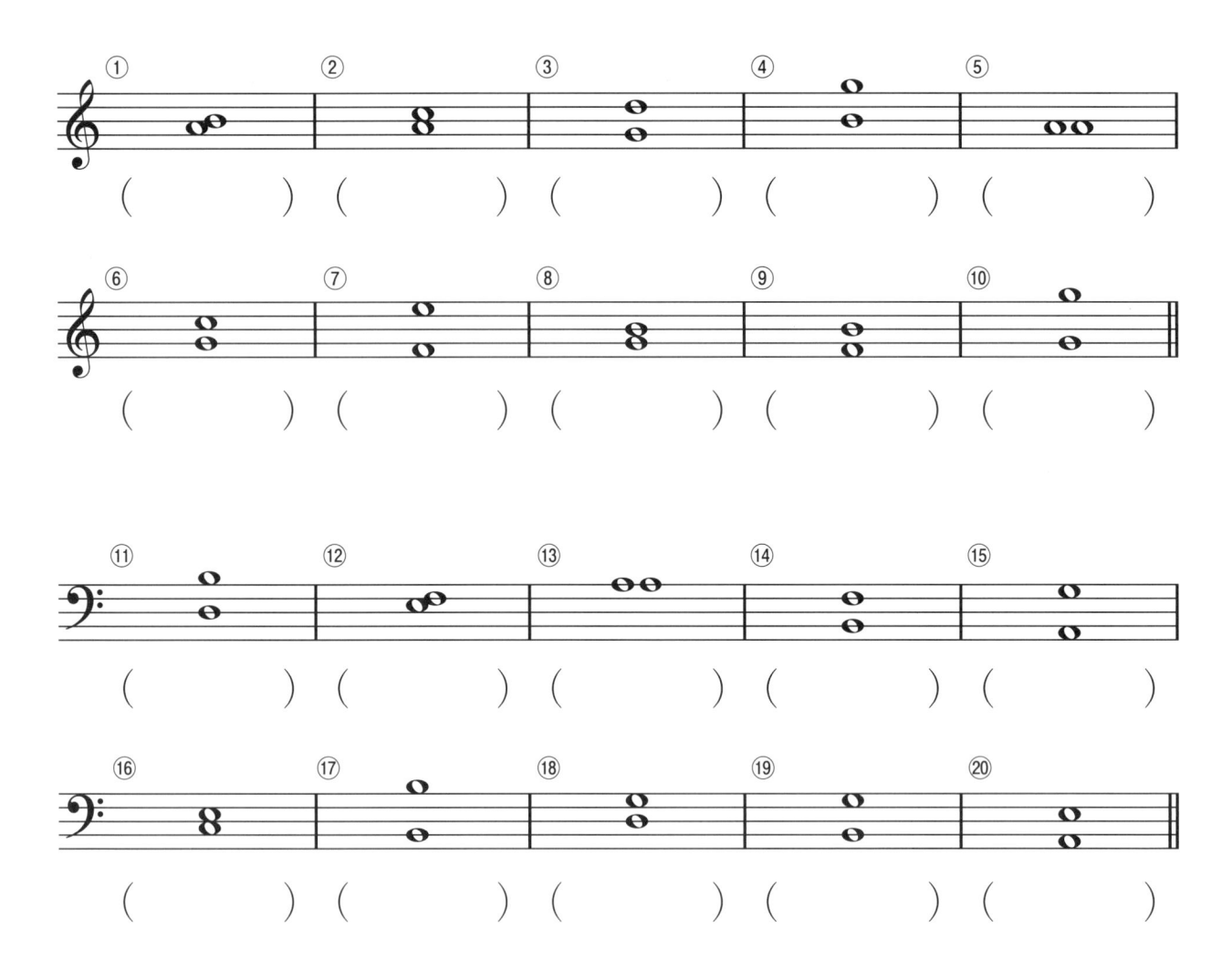

( ) ( ) ( ) ( ) ( )

( ) ( ) ( ) ( ) ( )

( ) ( ) ( ) ( ) ( )

( ) ( ) ( ) ( ) ( )

(2) 派生音（♯・♭）が含まれている下記の音程を答えよう。

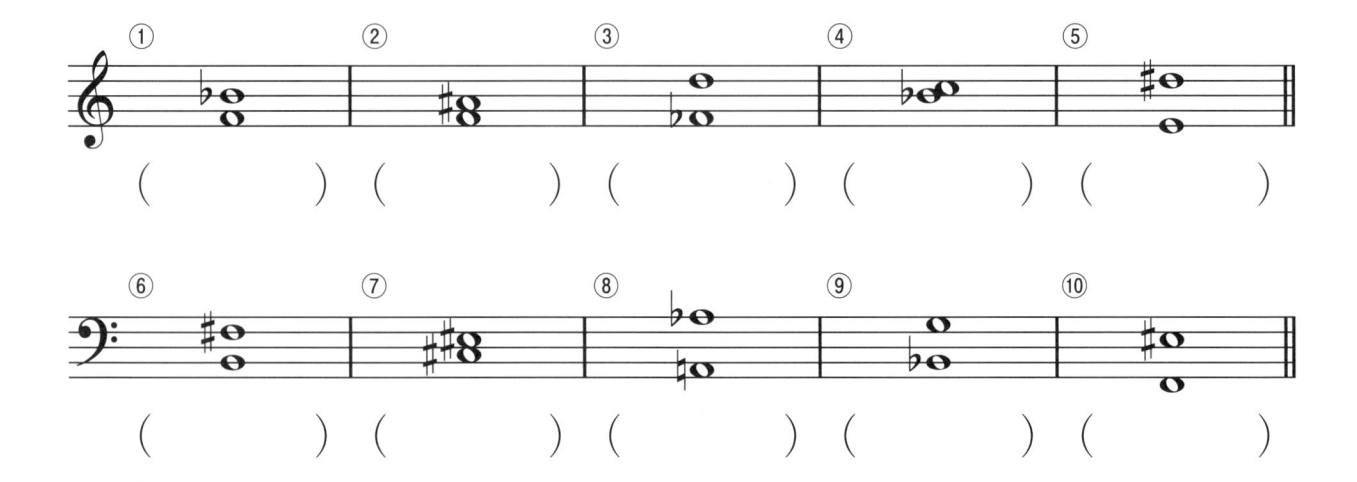

( ) ( ) ( ) ( ) ( )

( ) ( ) ( ) ( ) ( )

8 音階と調

▶ **音階** ……… ある音を起点として一定の秩序のもとに、1オクターブ上の同名の音まで配列したもの。

▶ **調** ……… ある音を主音(音階の最初の音)とし、どのような種類の音階であるか(長音階／短音階)を表すことを調という。ハの音を主音とする長調はハ長調、ハの音を主音とする短調はハ短調というように、主音の音名が調名となる。

(1) 長音階

長調の音階は、全(音)・全・半・全・全・全・半という音程を有する音列で構成される。全音は長2度、半音は短2度である。

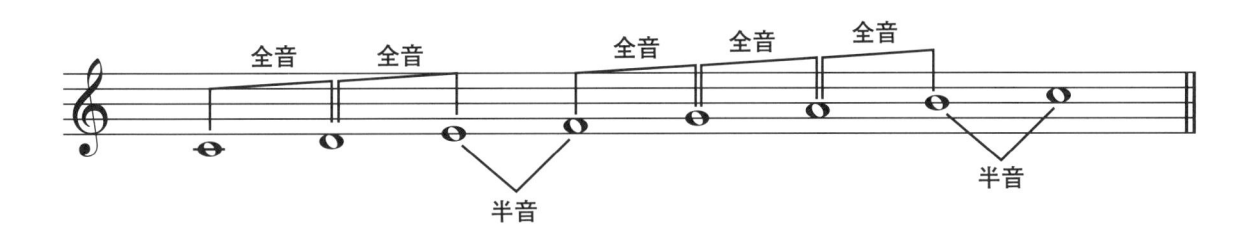

(2) 短音階

① **自然短音階**(全・半・全・全・半・全・全)

② **和声短音階**(自然短音階の7番目の音が半音上がる)

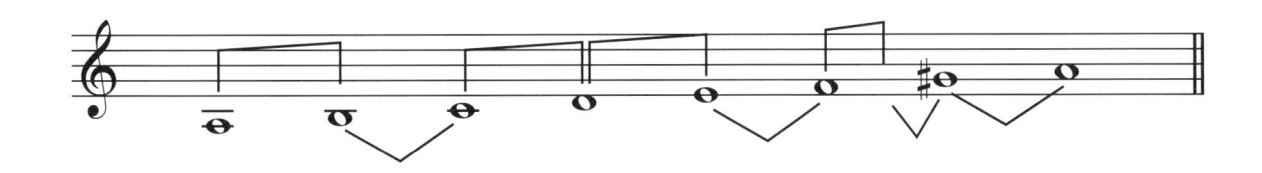

③ **旋律短音階**(上行は自然短音階の6番目と7番目の音が半音上がり、下行は自然短音階と同じ)

練習問題 6

(1) 臨時記号を使い、ヘ長調の音階を書いてみよう。

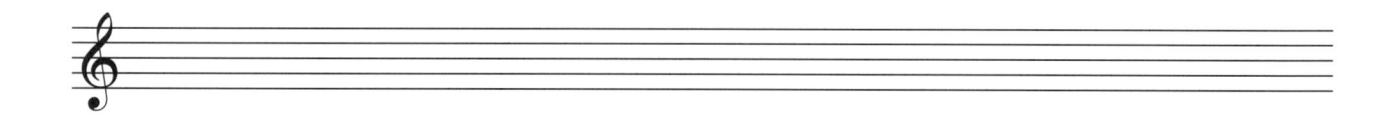

(2) 臨時記号を使い、ホ短調の和声短音階を書いてみよう。

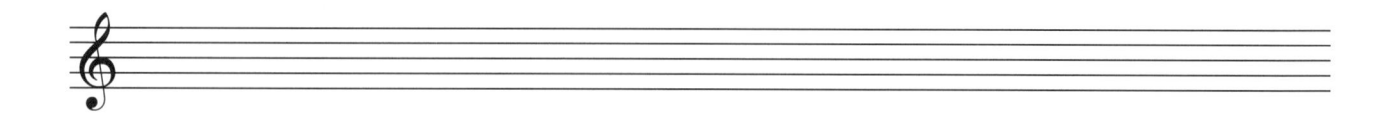

9 調号

(1) 調号のつけ方

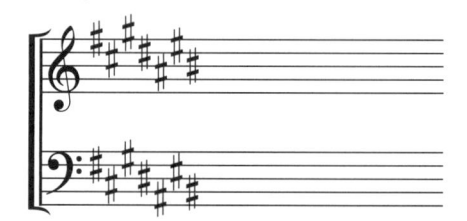

① ♯系では

② ♭系では

♯系の変化記号のつく順番の覚え方
ファ→ド→ソ→レ→ラ→ミ→シ

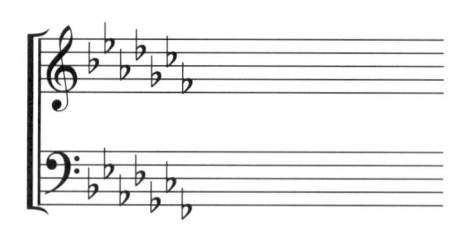

♭系の変化記号のつく順番の覚え方
シ→ミ→ラ→レ→ソ→ド→ファ

(2) 調・調号・主音

長調

ハ長調　ト長調　ニ長調　イ長調　ホ長調　ロ長調　嬰ヘ長調　嬰ハ長調

ヘ長調　変ロ長調　変ホ長調　変イ長調　変ニ長調　変ト長調　変ハ長調

短調

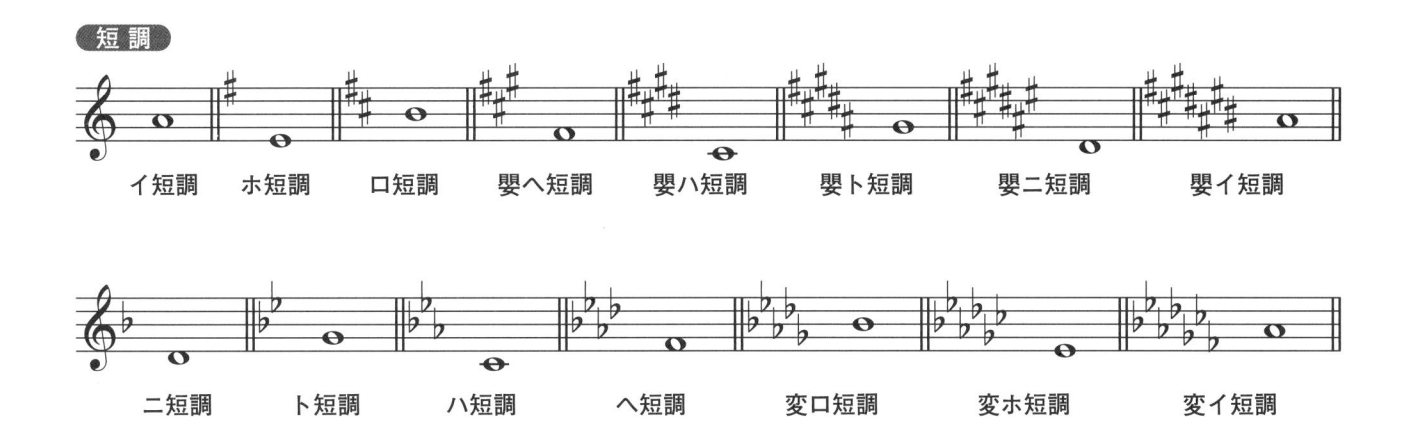

イ短調　ホ短調　ロ短調　嬰ヘ短調　嬰ハ短調　嬰ト短調　嬰ニ短調　嬰イ短調

ニ短調　ト短調　ハ短調　ヘ短調　変ロ短調　変ホ短調　変イ短調

練習問題 7

(1) 次の調は何長調になるのか、調名を答えるとともに主音も記入しよう。

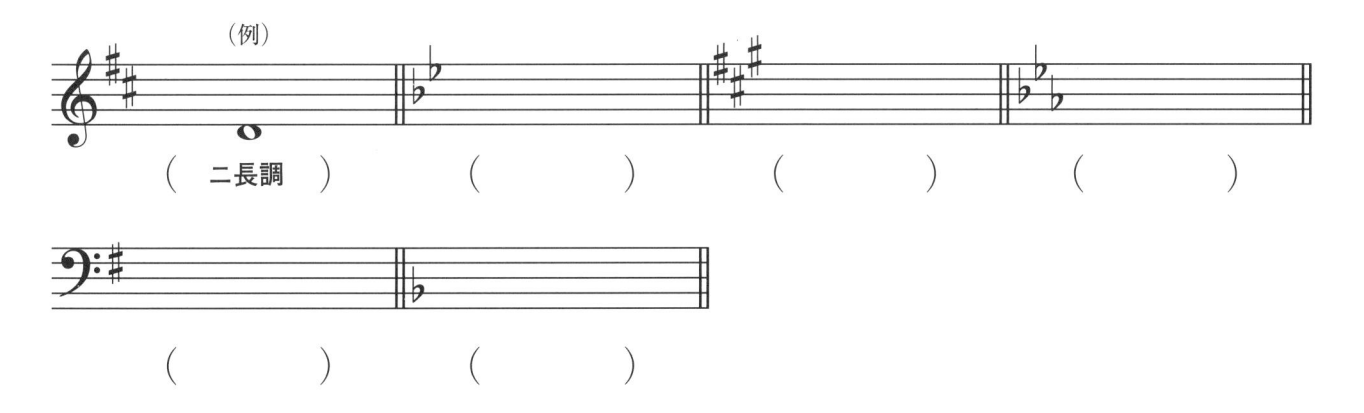

（例）
（　ニ長調　）　（　　　）　（　　　）　（　　　）

（　　　）　（　　　）

(2) 次の調は何短調になるのか、調名を答えるとともに主音も記入しよう。

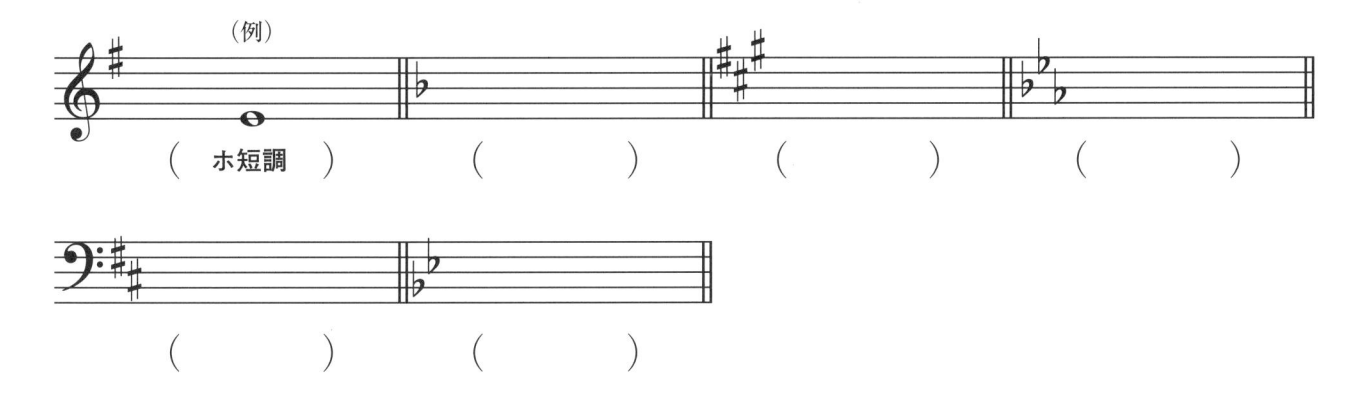

（例）
（　ホ短調　）　（　　　）　（　　　）　（　　　）

（　　　）　（　　　）

(3) 指定された調の調号と主音を記入しよう。

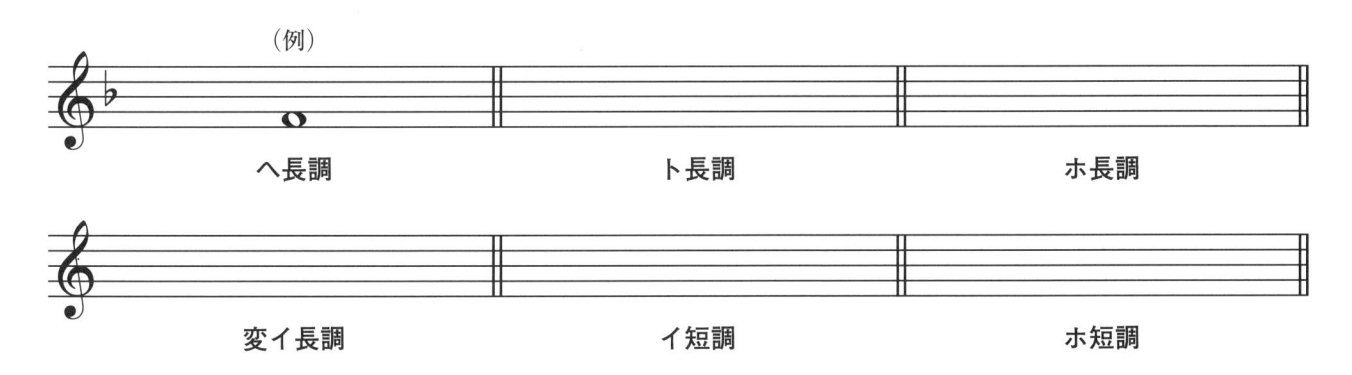

（例）
ヘ長調　　　ト長調　　　ホ長調

変イ長調　　　イ短調　　　ホ短調

楽典の基礎　**19**

10 省略記号

楽譜を書く時に、その労力や紙面を節約したり、読みやすくするために、音符その他を省略して記すことがある。ここでは下記の3つの省略記号について学習する。

(1) 反復記号（リピート）……同じ小節を繰り返す時に使う。

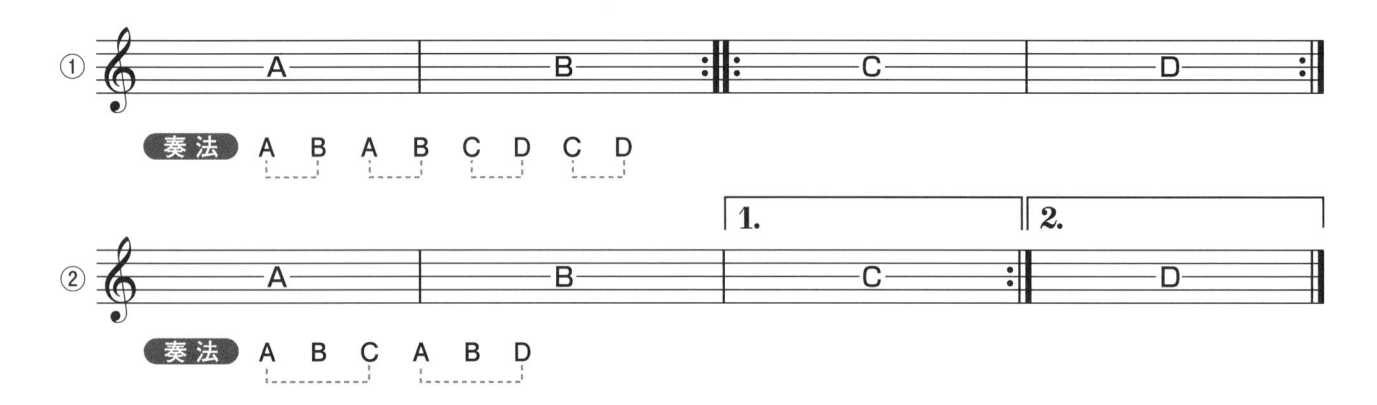

① 奏法　A B A B C D C D

② 奏法　A B C A B D

(2) *D.C.* **（ダ・カーポ）** は曲の始めに戻り、*Fine*（フィーネ）または 𝄐（フェルマータ）で終わる。

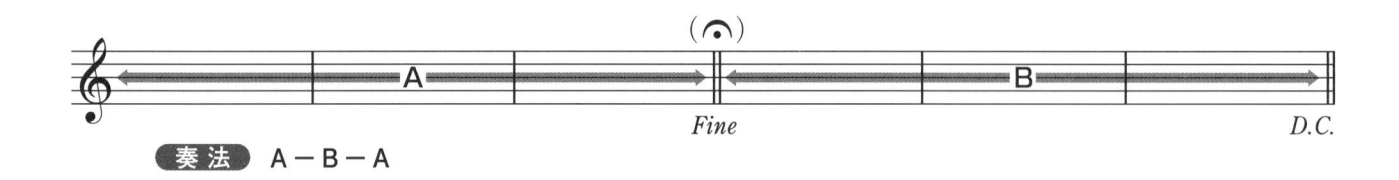

奏法　A－B－A

(3) *D.S.* **（ダル・セーニョ）** は 𝄋（セーニョ）に戻り、*Fine*（フィーネ）または 𝄐（フェルマータ）で終わる。

奏法　A－B－C－B

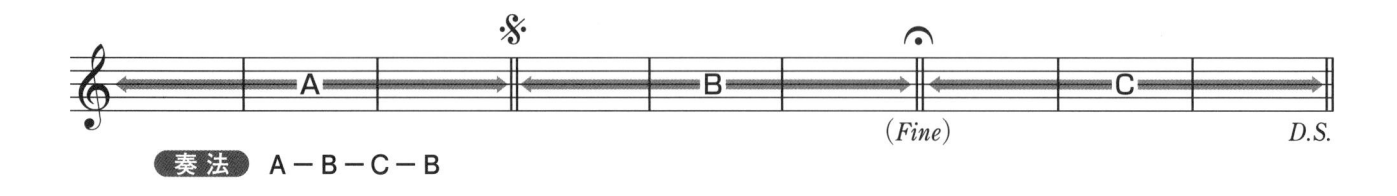

(4) *D.C.* や *D.S.* などによって反復する部分に ⊕（ヴィーデ）の記号が記されていたら、そこから次の ⊕ または *Coda* と記された部分までをとばして進む。

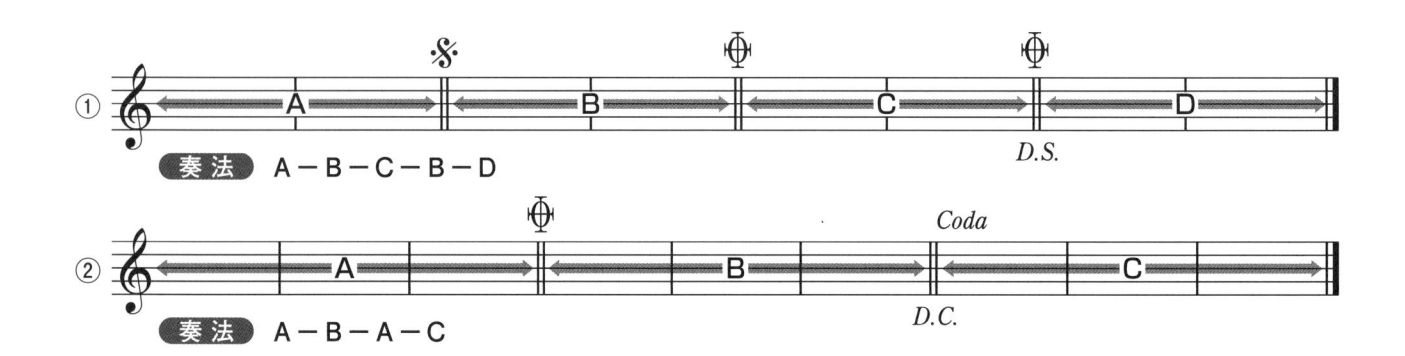

① 奏法　A－B－C－B－D

② 奏法　A－B－A－C

練習問題 8

(1) 次の曲は何小節になるのか（　）に書こう。

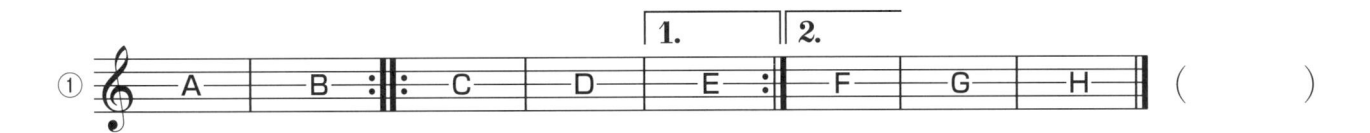

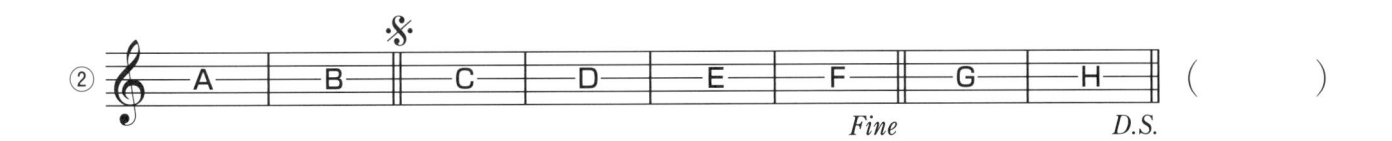

① A | B :||: C | D | E :|| F | G | H ||　（　　）

② A | B | C | D | E | F | G | H ||　（　　）

③ A | B | C | D :|| E | F | G | H ||　（　　）

(2) 次の数字の演奏順になるように反復記号を書き入れよう。

① 1-2-1-2-3-4-5-6-7-5-6-8

② 1-2-3-4-5-6-7-8-3-4-5-6

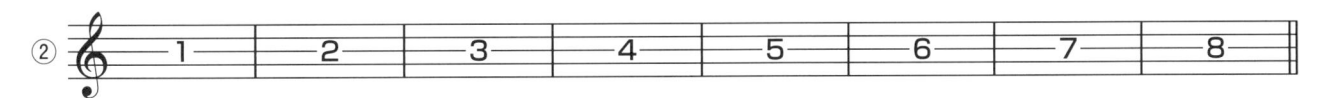

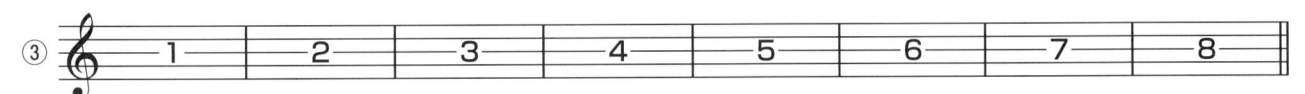

③ 1-2-3-4-5-6-7-8-7-8-1-2-3-4-5-6

11 強弱記号

記号	読み方	意味
pp	ピアニッシモ	きわめて弱く
p	ピアノ	弱く
mp	メゾ ピアノ	やや弱く
mf	メゾ フォルテ	やや強く
f	フォルテ	強く
ff	フォルティッシモ	きわめて強く
＜ (*cresc.*)	クレッシェンド	次第に強く
＞ (*decresc.*)	デクレッシェンド	次第に弱く
(*dim.*)	ディミヌエンド	次第に弱く

12 速度標語

楽語	読み方	意味
Largo	ラルゴ	幅広くゆったりと
Lento	レント	遅く
Adagio	アダージョ	ゆるやかに
Andante	アンダンテ	歩くような速さで
Andantino	アンダンティーノ	やや遅く
Moderato	モデラート	中くらいの速さで
Allegretto	アレグレット	やや速く
Allegro moderato	アレグロ・モデラート	軽快な速さで
Allegro	アレグロ	速く
Presto	プレスト	急速に

メトロノームの数字は、1分間の拍数を示す。つまり、♩=60(または M.M. ♩=60)は ♩ を1拍と数えて1分間に60回打つ速さを示している。

メトロノームを使う時は、振り子の目盛りを正確に合わせ、水平な場所に置いて使うこと。

練習問題の解答

練習問題 1　（ト音記号・ヘ音記号の練習）

練習問題 2

(2)　① (嬰ヘ／19)　② (嬰ト／21)　③ (イ／22)　④ (嬰ヘ／19)　⑤ (変イ／21)

(3)　① (嬰ハ／14)　② (重嬰ハ／15)　③ (嬰ヘ／19)　④ (重嬰ヘ／20)　⑤ (ホ／17)

　　⑥ (変ホ／16)　⑦ (重変ホ／15)　⑧ (嬰ホ／18)　⑨ (変ハ／12)

(4)　① ヘ　② 変ロ　③ 嬰ヘ　④ ヘ

練習問題 3

練習問題 4

練習問題 5

(1)　① 長2度　② 短3度　③ 完全5度　④ 短6度　⑤ 完全1度　⑥ 完全4度
　　　⑦ 長7度　⑧ 長3度　⑨ 増4度　⑩ 完全8度　⑪ 長6度　⑫ 短2度
　　　⑬ 完全1度　⑭ 減5度　⑮ 短7度　⑯ 長3度　⑰ 完全8度　⑱ 完全4度
　　　⑲ 短6度　⑳ 完全5度

(2)　① 完全4度　② 増3度　③ 増6度　④ 長2度　⑤ 長7度　⑥ 完全5度
　　　⑦ 長3度　⑧ 減8度　⑨ 長6度　⑩ 増7度

練習問題 6

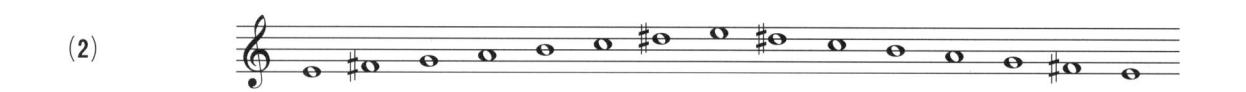

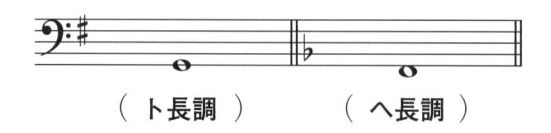

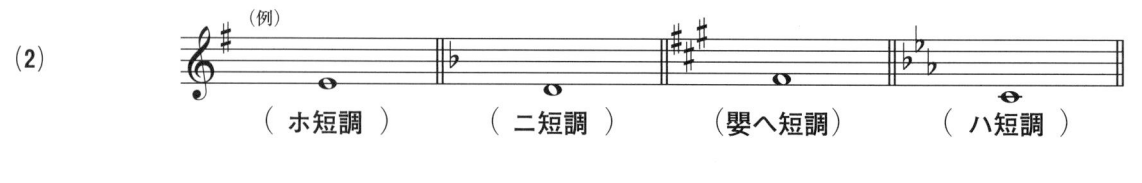

(1)

(2)

練習問題 7

(1)　（ニ長調）　（変ロ長調）　（イ長調）　（変ホ長調）

　　　（ト長調）　（ヘ長調）

(2)　（ホ短調）　（ニ短調）　（嬰ヘ短調）　（ハ短調）

　　　（ロ短調）　（ト短調）

(3)

ヘ長調　　　　　　　　ト長調　　　　　　　　ホ長調

変イ長調　　　　　　　イ短調　　　　　　　　ホ短調

練習問題 8

(1)　　①12小節　　　②12小節　　　③18小節

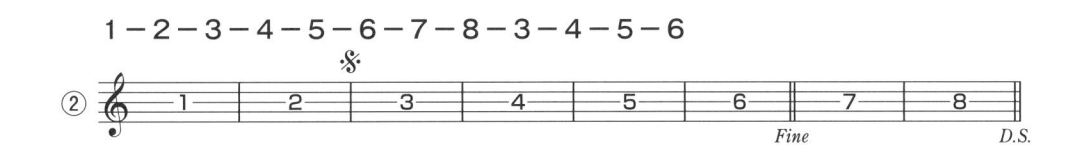

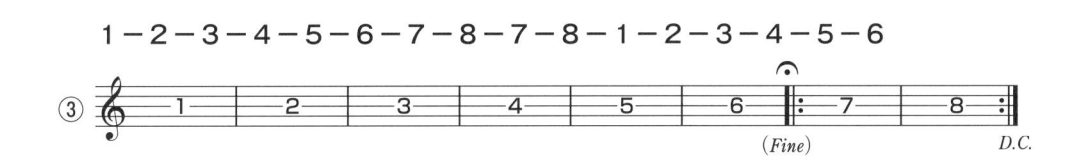

(2)　　1−2−1−2−3−4−5−6−7−5−6−8

① | 1 | 2 :‖: 3 | 4 ‖: 5 | 6 | 7 :‖ 8 ‖

1−2−3−4−5−6−7−8−3−4−5−6

② | 1 | 2 | 3 | 4 | 5 | 6 | 7 | 8 |
　　　　　　Fine　　　　　　　　　　D.S.

1−2−3−4−5−6−7−8−7−8−1−2−3−4−5−6

③ | 1 | 2 | 3 | 4 | 5 | 6 ‖: 7 | 8 :‖
　　　　　　　　　　　　　　(Fine)　　　　D.C.

〈資料〉カデンツ一覧表

(1) 長調

八長調： C F G (G₇) C — I IV V (V₇) I

ト長調： G C D (D₇) G — I IV V (V₇) I

へ長調： F B♭ C (C₇) F — I IV V (V₇) I

ニ長調： D G A (A₇) D — I IV V (V₇) I

変ロ長調： B♭ E♭ F (F₇) B♭ — I IV V (V₇) I

イ長調： A D E (E₇) A — I IV V (V₇) I

変ホ長調： E♭ A♭ B♭ (B♭₇) E♭ — I IV V (V₇) I

ホ長調： E A B (B₇) E — I IV V (V₇) I

変イ長調： A♭ D♭ E♭ (E♭₇) A♭ — I IV V (V₇) I

ロ長調： B E F♯ (F♯₇) B — I IV V (V₇) I

変ニ長調： D♭ G♭ A♭ (A♭₇) D♭ — I IV V (V₇) I

嬰ヘ長調： F♯ B C♯ (C♯₇) F♯ — I IV V (V₇) I

変ト長調： G♭ C♭ D♭ (D♭₇) G♭ — I IV V (V₇) I

嬰ハ長調： C♯ F♯ G♯ (G♯₇) C♯ — I IV V (V₇) I

変ハ長調： C♭ F♭ G♭ (G♭₇) C♭ — I IV V (V₇) I

〈資料〉カデンツ一覧表

(2) 短調

イ短調 Am Dm E (E7) Am
I IV V (V7) I

ホ短調 Em Am B (B7) Em
I IV V (V7) I

ニ短調 Dm Gm A (A7) Dm
I IV V (V7) I

ロ短調 Bm Em F♯ (F♯7) Bm
I IV V (V7) I

ト短調 Gm Cm D (D7) Gm
I IV V (V7) I

嬰ヘ短調 F♯m Bm C♯ (C♯7) F♯m
I IV V (V7) I

ハ短調 Cm Fm G (G7) Cm
I IV V (V7) I

嬰ハ短調 C♯m F♯m G♯ (G♯7) C♯m
I IV V (V7) I

ヘ短調 Fm B♭m C (C7) Fm
I IV V (V7) I

嬰ト短調 G♯m C♯m D♯ (D♯7) G♯m
I IV V (V7) I

変ロ短調 B♭m E♭m F (F7) B♭m
I IV V (V7) I

嬰ニ短調 D♯m G♯m A♯ (A♯7) D♯m
I IV V (V7) I

変ホ短調 E♭m A♭m B♭ (B♭7) E♭m
I IV V (V7) I

嬰イ短調 A♯m D♯m E♯ (E♯7) A♯m
I IV V (V7) I

変イ短調 A♭m D♭m E♭ (E♭7) A♭m
I IV V (V7) I

楽典の基礎 27

基礎教材

5指の基本練習

正しい手の形　　　　　　　　　　　悪い手の形

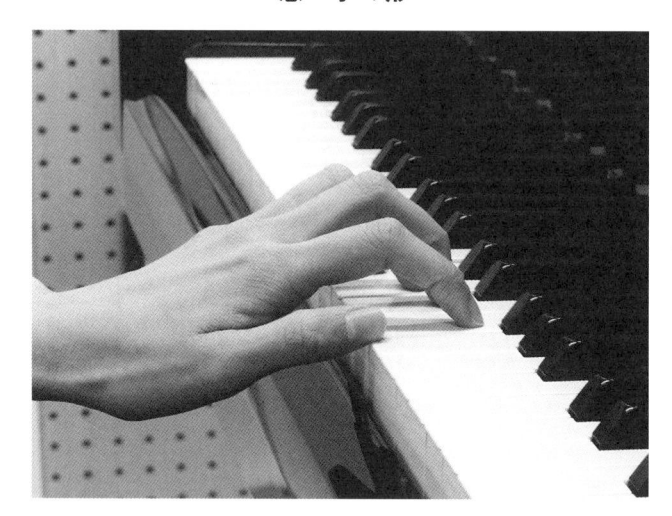

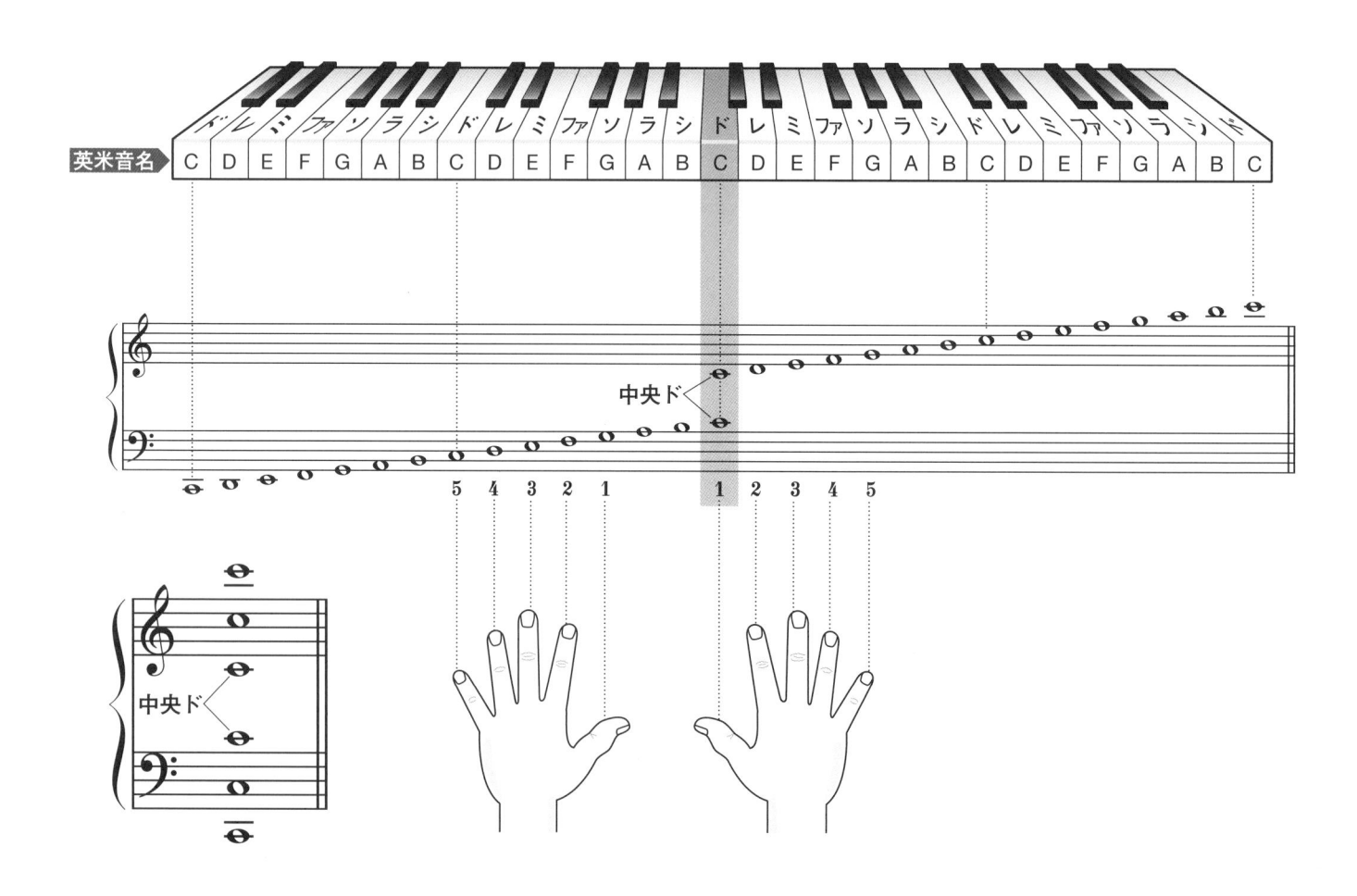

英米音名：C D E F G A B C D E F G A B C D E F G A B C D E F G A B C

中央ド

5 4 3 2 1 ／ 1 2 3 4 5

中央ド

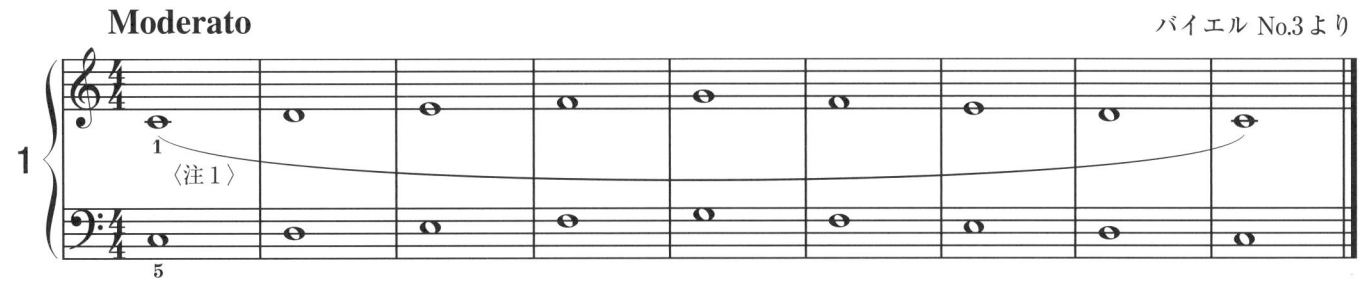

〈注1〉 ⌣ スラー：音をつなげてひく。

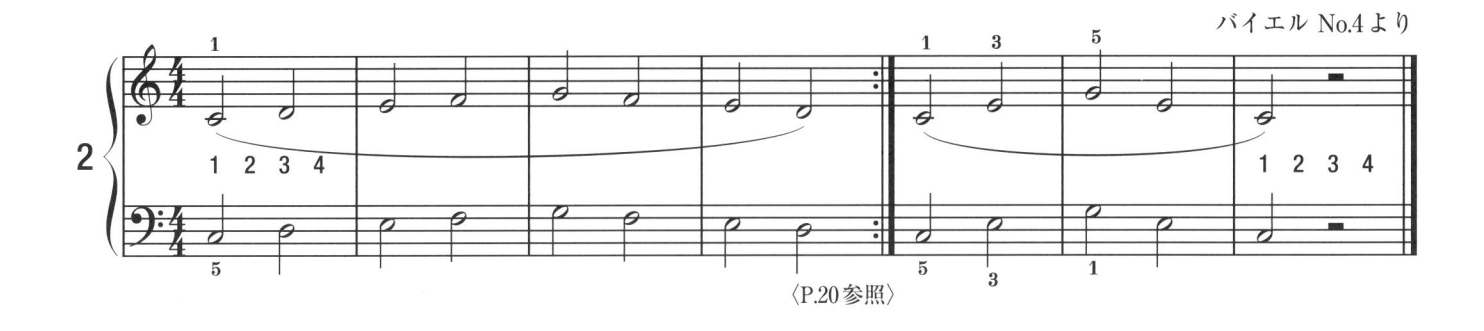

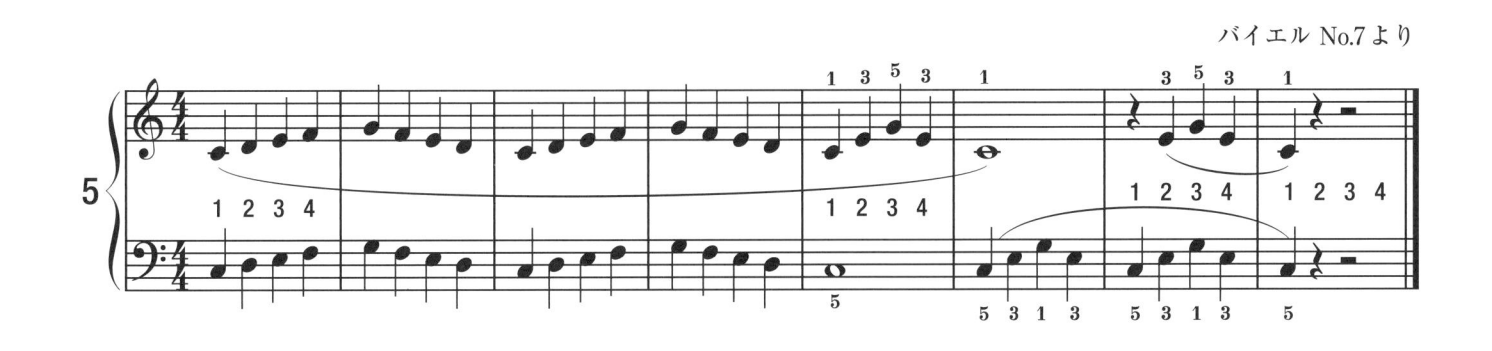

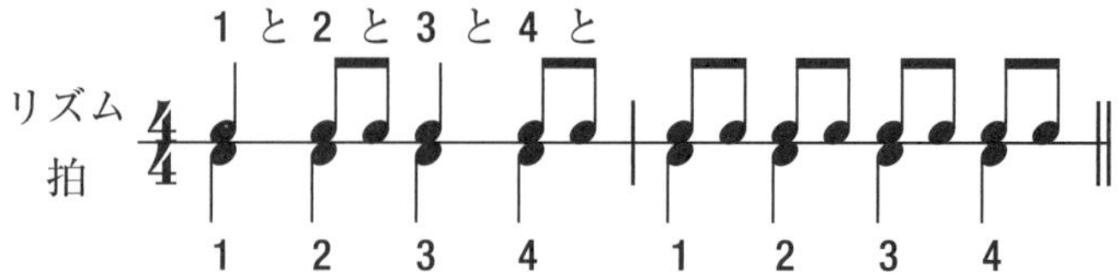

Moderato

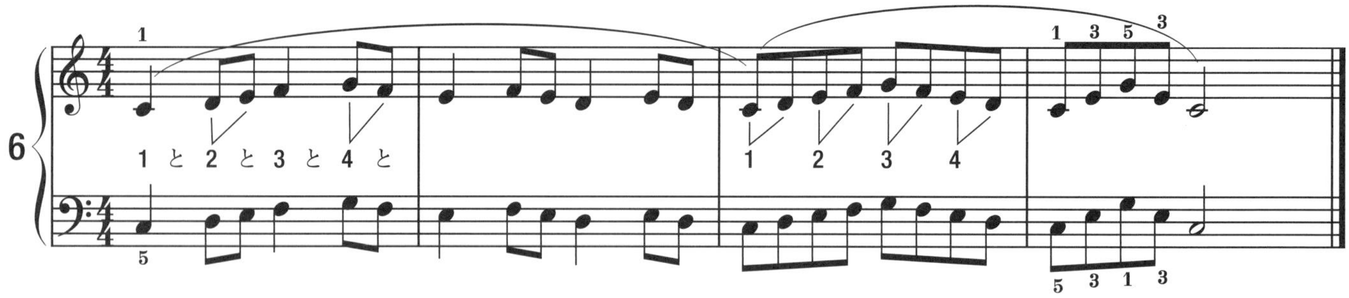

Moderato

バイエル No.11 より

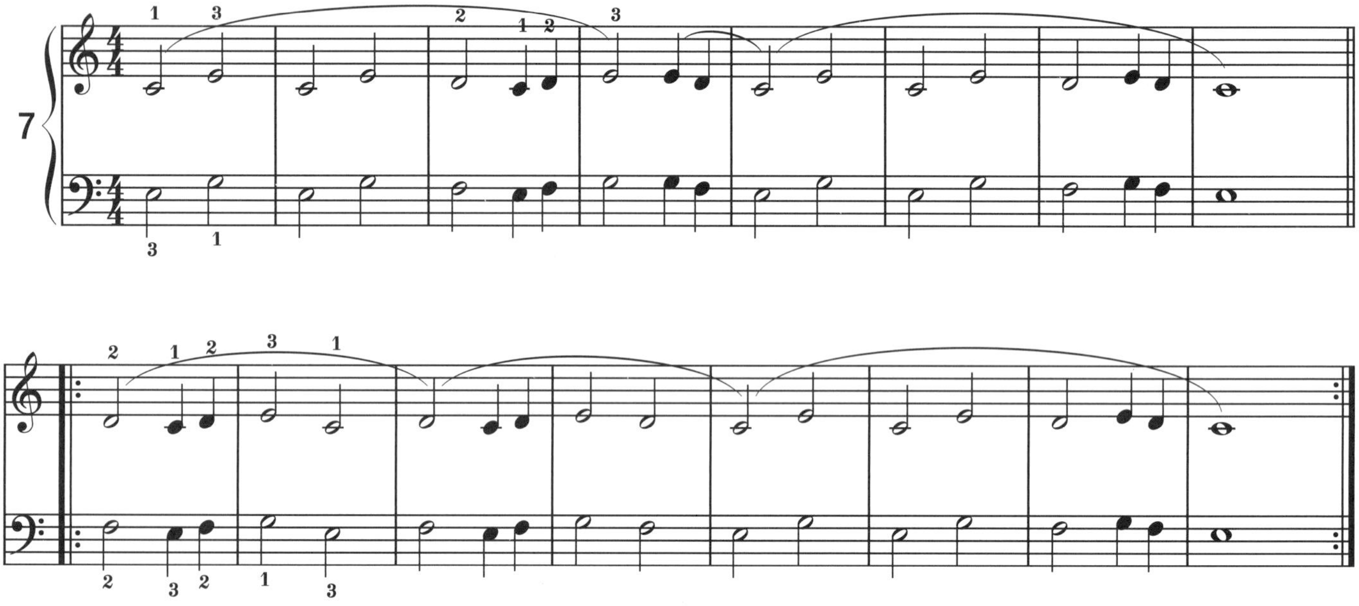

Allegretto

バイエル No.19 より

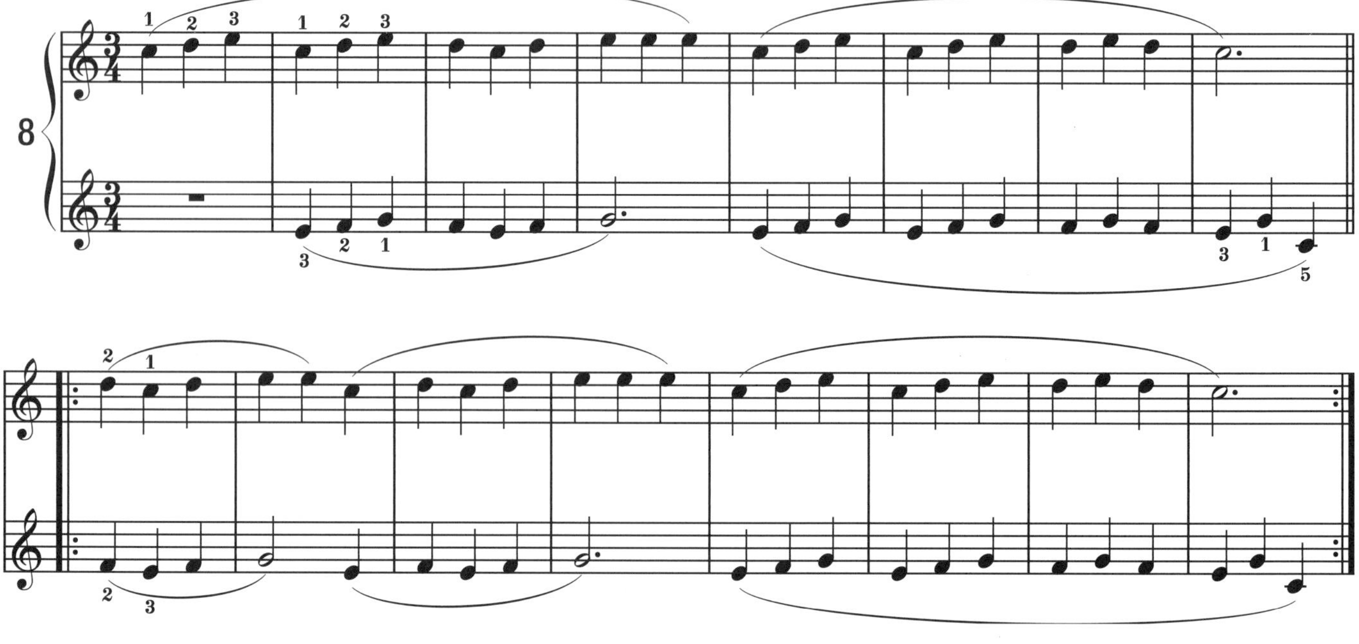

〈注2〉*legato*（レガート）：なめらかに演奏する。

——— タイの練習 ———

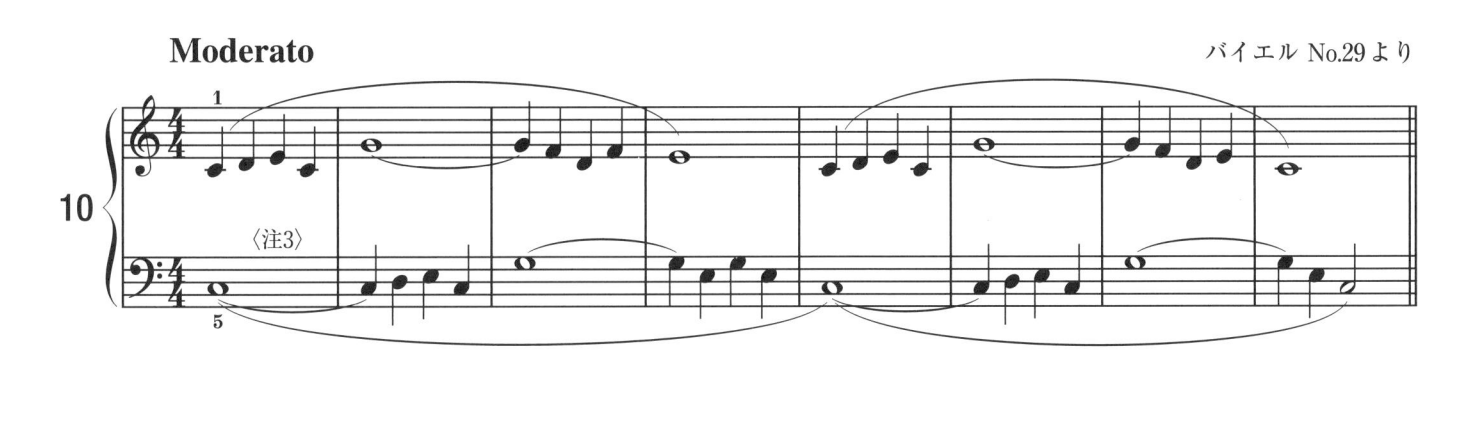

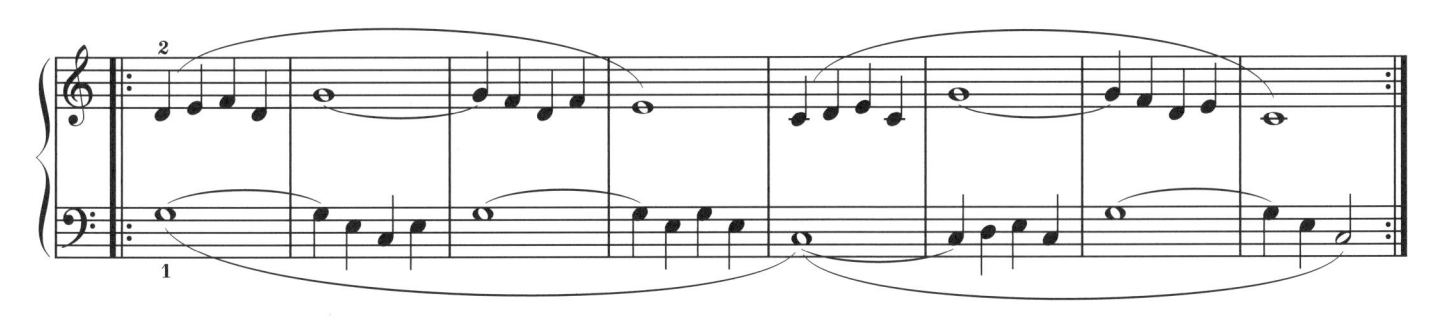

〈注3〉*tie*（タイ）：同じ高さの2音を結ぶ弧線で。2音を1つの音としてつないで演奏する。

基礎教材　31

和音奏の練習

次の和音を左手で弾いてみよう。

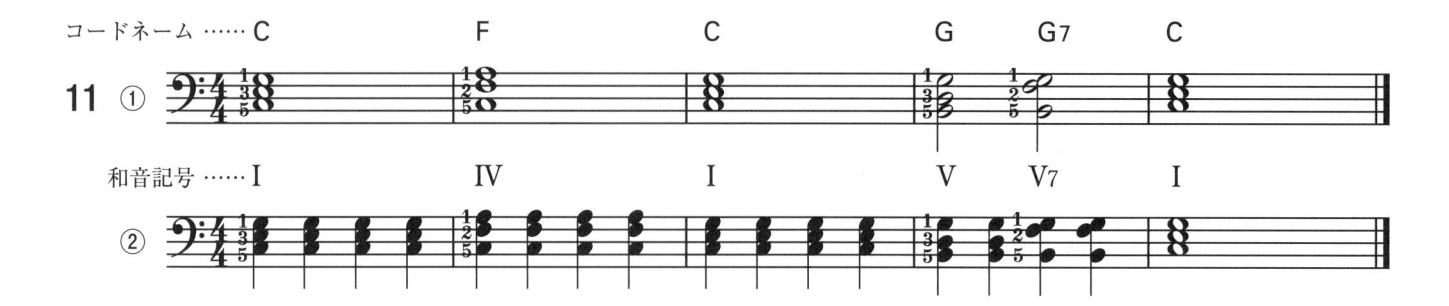

コードネーム …… C　　F　　C　　G　G7　C

和音記号 …… I　　IV　　I　　V　V7　I

きらきら星

（　）の中に和音記号を入れてみよう。
1オクターブ上に移動して四分音符をスタッカート〈注5〉で弾いてみよう。どんな雰囲気になるか。

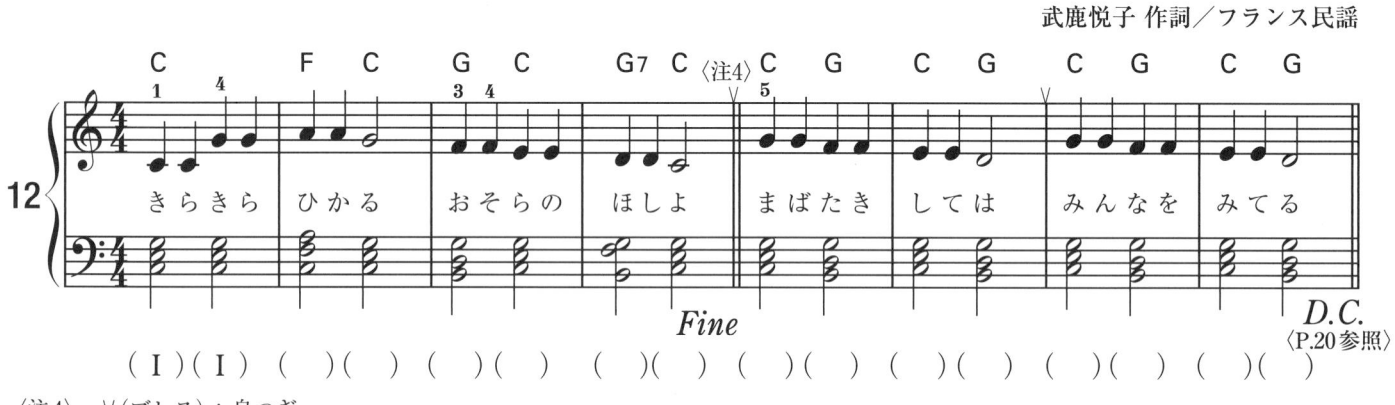

武鹿悦子 作詞／フランス民謡

きらきら　ひかる　おそらの　ほしよ　まばたき　しては　みんなを　みてる

（I）（I）（　）（　）（　）（　）（　）（　）（　）（　）（　）（　）（　）（　）（　）（　）

〈注4〉 V（ブレス）：息つぎ。
〈注5〉 ♩（スタッカート）：その音を短く切って奏する。

分散和音奏

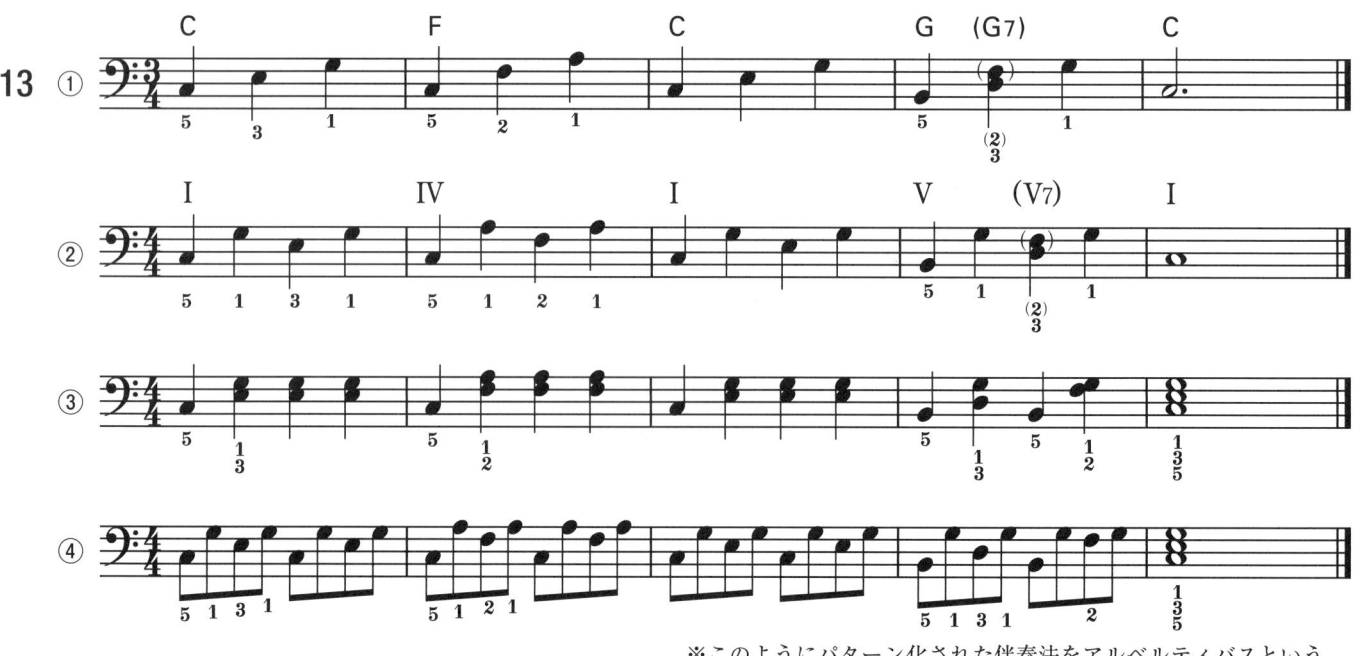

※このようにパターン化された伴奏法をアルベルティバスという。

簡易伴奏の楽譜を書く練習

次の曲に和音記号を入れて、楽譜を完成させよう。

かわはよんでいる

水野汀子 作詞／ギィ・ベアール 作曲

〈P.20参照〉

© Copyright 1958 by WARNER CHAPPELL MUSIC FRANCE, Paris.
Rights for Japan assigned to SUISEISHA Music Publishers, Tokyo.

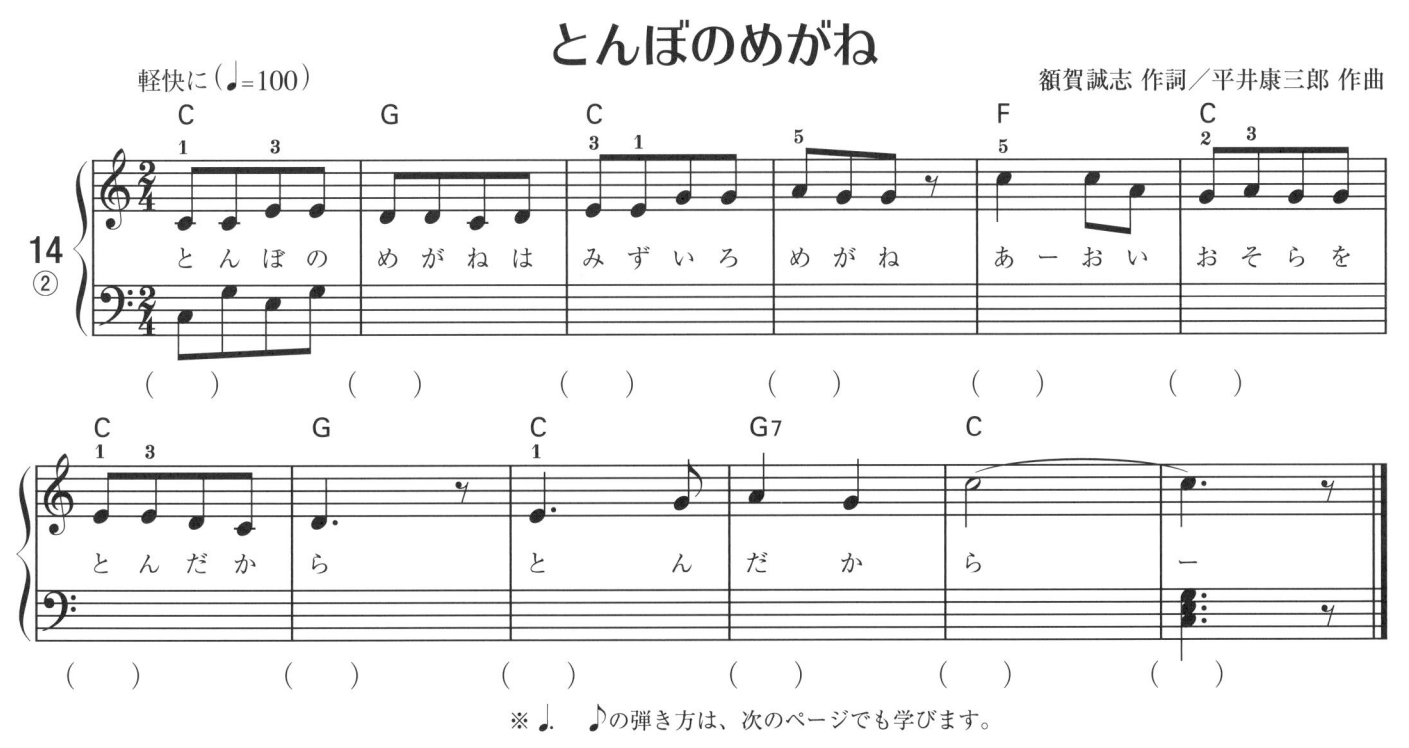

とんぼのめがね

額賀誠志 作詞／平井康三郎 作曲

軽快に (♩=100)

※ ♩. ♪の弾き方は、次のページでも学びます。

こぎつね

勝 承夫 作詞／外国曲

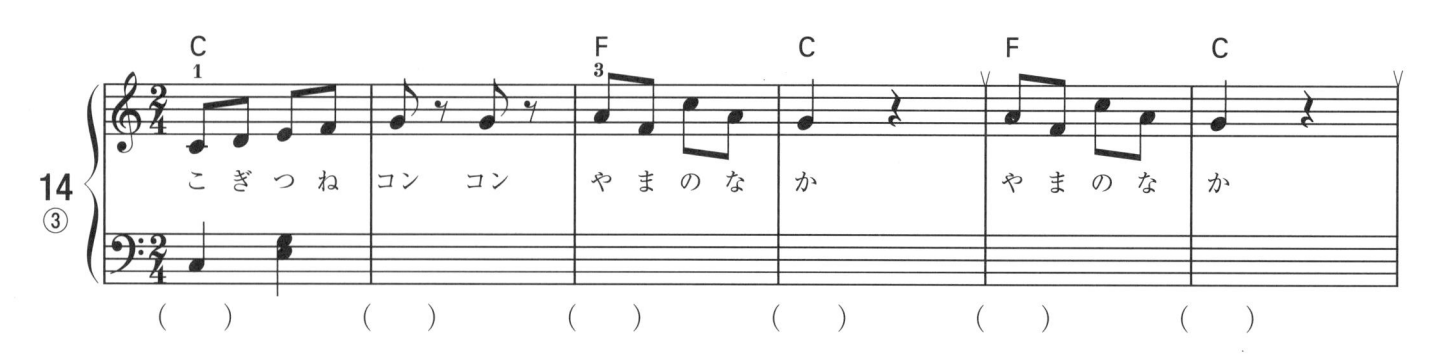

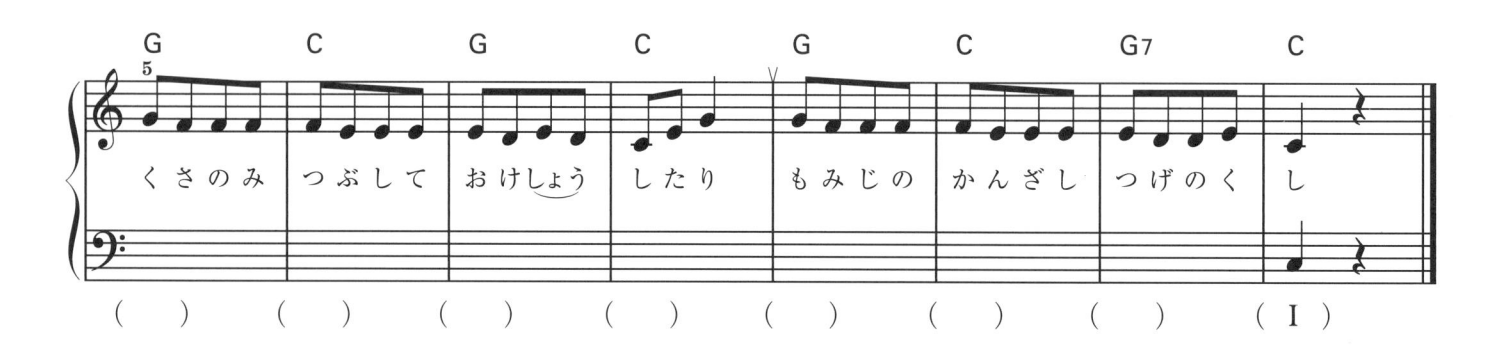

こぎつね コンコン やまのなか やまのなか
くさのみ つぶして おけしょう したり もみじの かんざし つげのく し

―― ♩. ♪のリズムの練習 ――

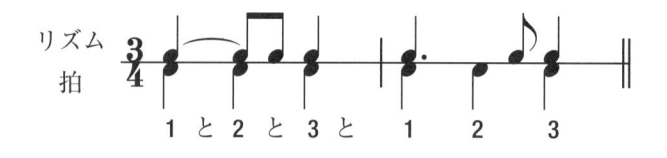

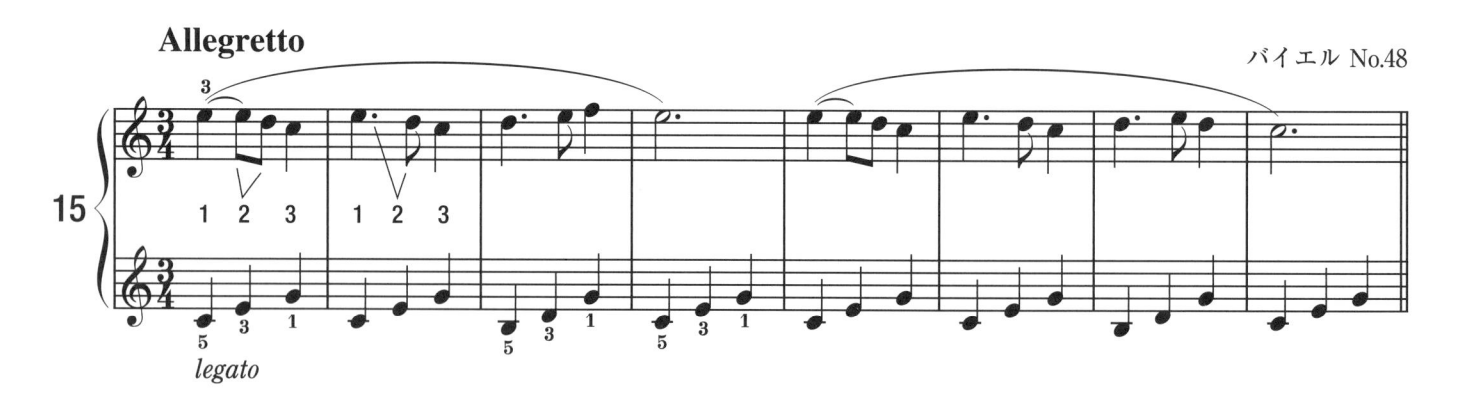

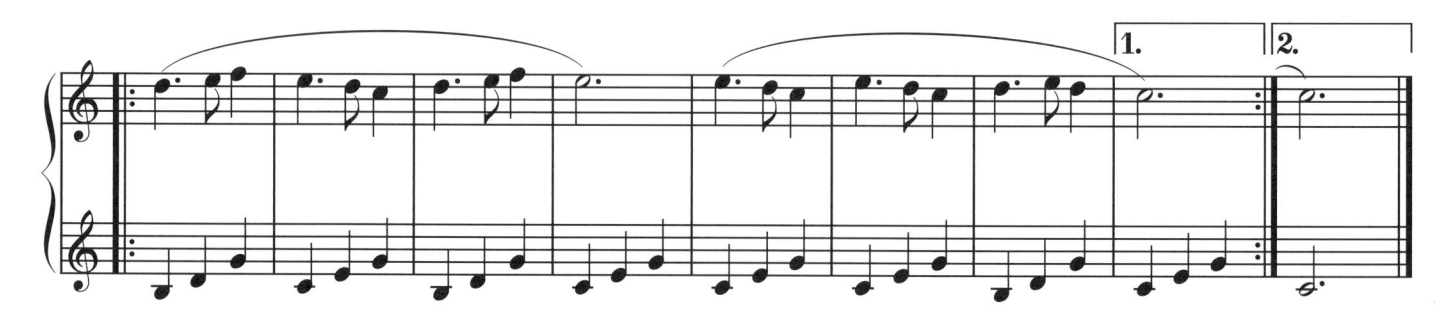

Allegretto

バイエル No.48

legato

$\frac{3}{8}$・$\frac{6}{8}$ 拍子の練習

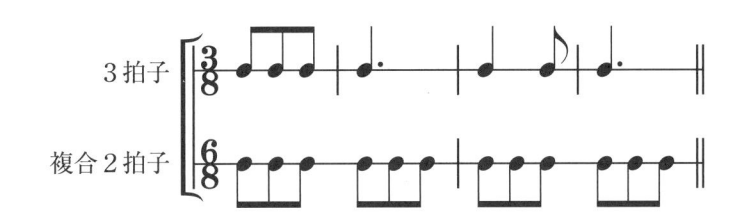

※ $\frac{6}{8}$拍子は ♪.（♪♪♪）を1拍と数えて弾く。
このように、1拍が3個の小単位からなる2拍子のことを複合2拍子という。

Allegretto　　　　　　　　　　　　　　　　　　　　　　　　　バイエル No.59

〈注6〉＞（アクセント）：その音を強調して。

Allegretto

バイエル No.66

17 〈注7〉*dolce*

legato

〈注7〉*dolce*（ドルチェ）：柔らかく、愛らしく。

( )の中に和音記号を入れて、楽譜を完成させよう。

思い出のアルバム

増子とし 作詞／本多鉄磨 作曲

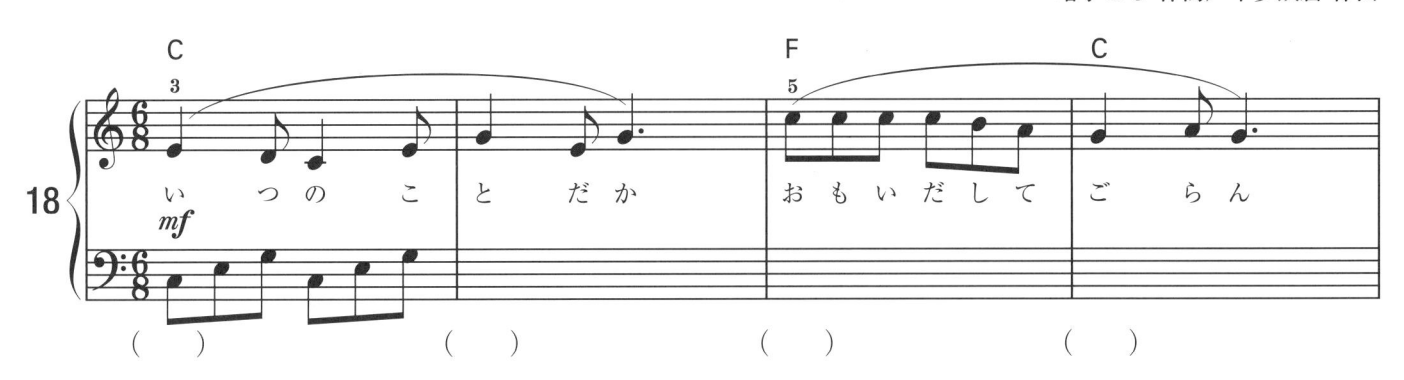

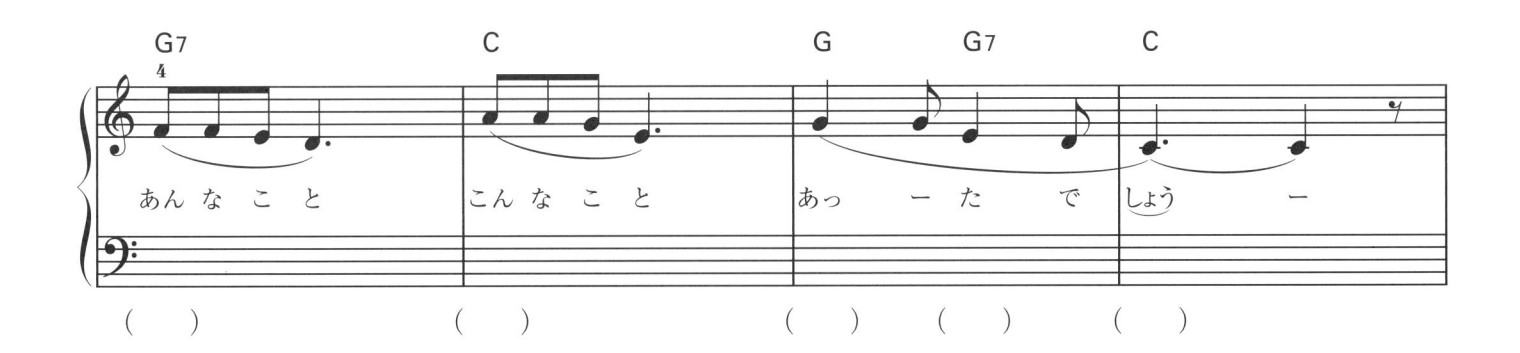

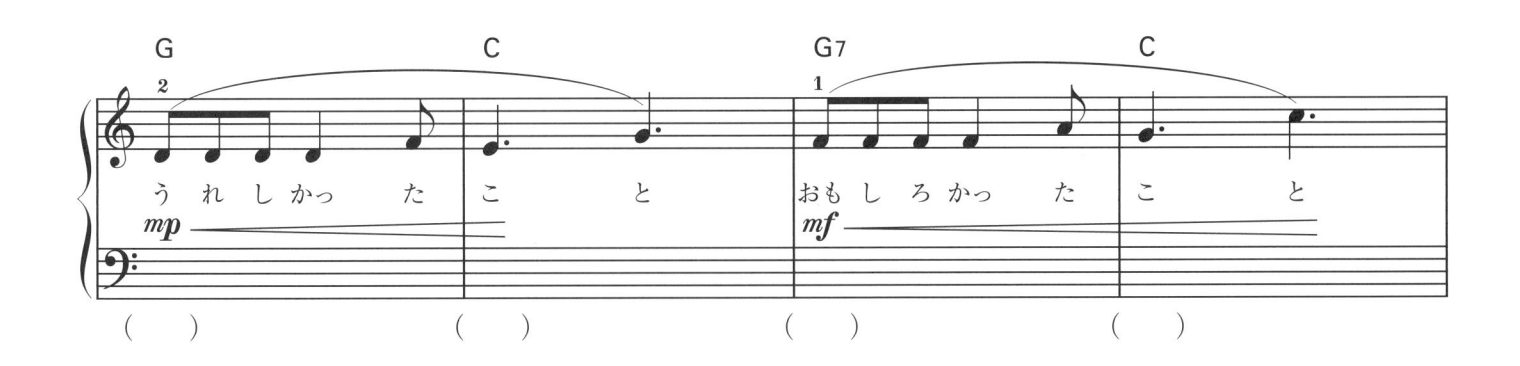

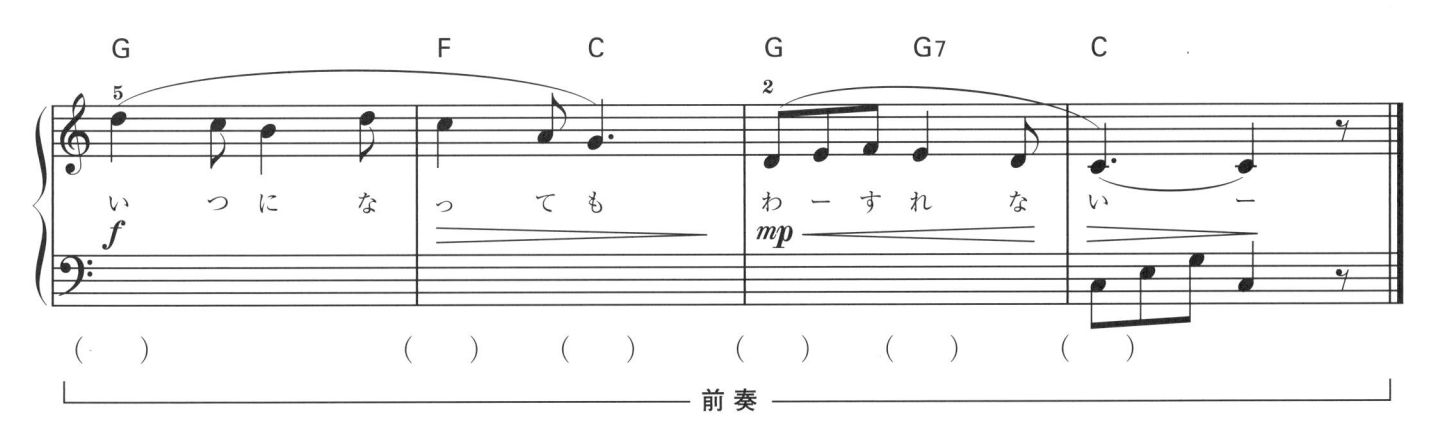

※曲の最後の2～4小節を前奏とする。

全音符から16分音符までの練習

第2ピアノ

バイエル No.86

第1ピアノ

Moderato

バイエル No.86

〈注8〉〈注8〉オクターブ記号（*8va- - -*┐）の奏法
　加線の数は、上下に制限はないが、あまり多くなると読みにくくなる。そのような場合、加線を書く手間をはぶくためにオクターブ記号を用いる。演奏する際には、点線のつづく間をオクターブ（8音）高く弾く。ただし、音符の下にこの記号（*8va- - -*┘）が書かれている場合は、オクターブ低く弾く。

ハ長調の練習

どんぐりころころ

青木存義 作詞／梁田 貞 作曲

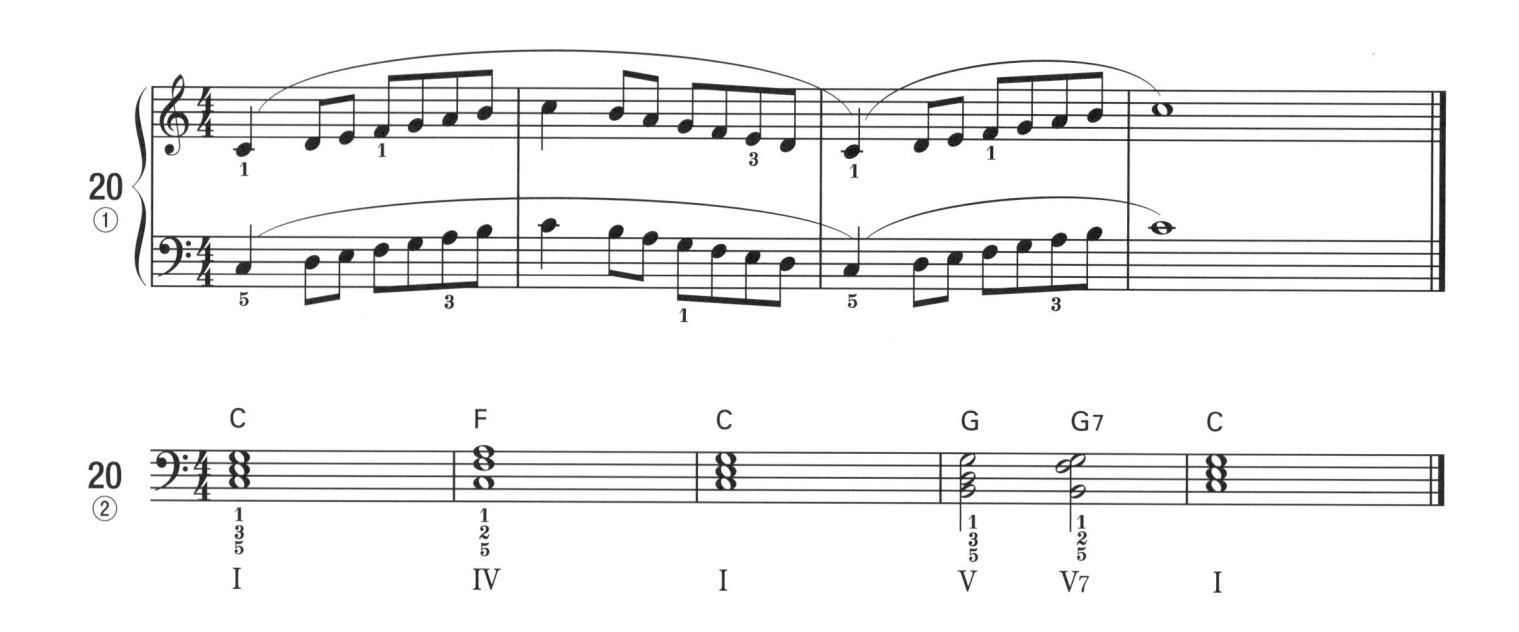

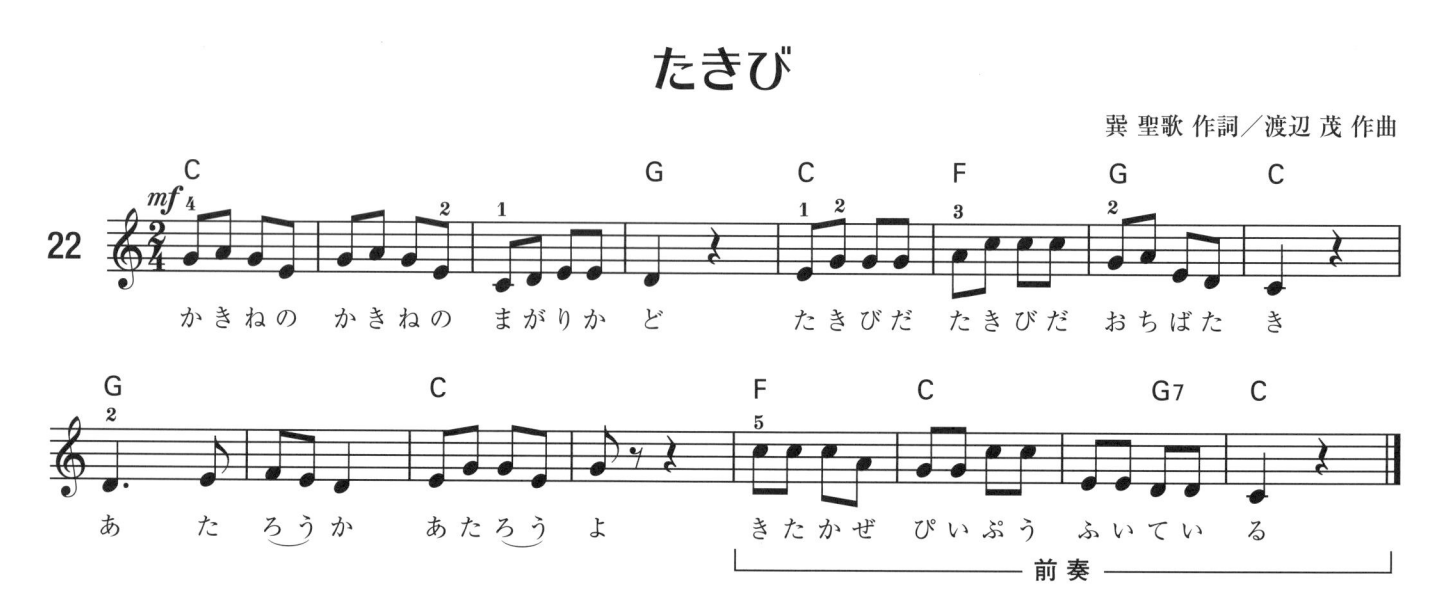

どんぐりころころ どんぶりこ おいけにはまって さぁ たいへん
どじょうがでてきて こんにちわ ぼっちゃんいっしょに あそびましょ

前奏

たきび

巽 聖歌 作詞／渡辺 茂 作曲

かきねの かきねの まがりかど たきびだ たきびだ おちばたき
あたろうか あたろうよ きたかぜ ぴいぷう ふいている

前奏

おはようのうた

東私幼 製作

せんせい おはよう ございます
きょうも げんきに ニコニコと
たのしい ○○○ ようちえん
（ほいくえん）
よいこの いちにち すごしましょう

―― 前奏 ――

※ ○○○に園名を入れてみよう。

朝のうた

増子とし 作詞／本多鉄磨 作曲

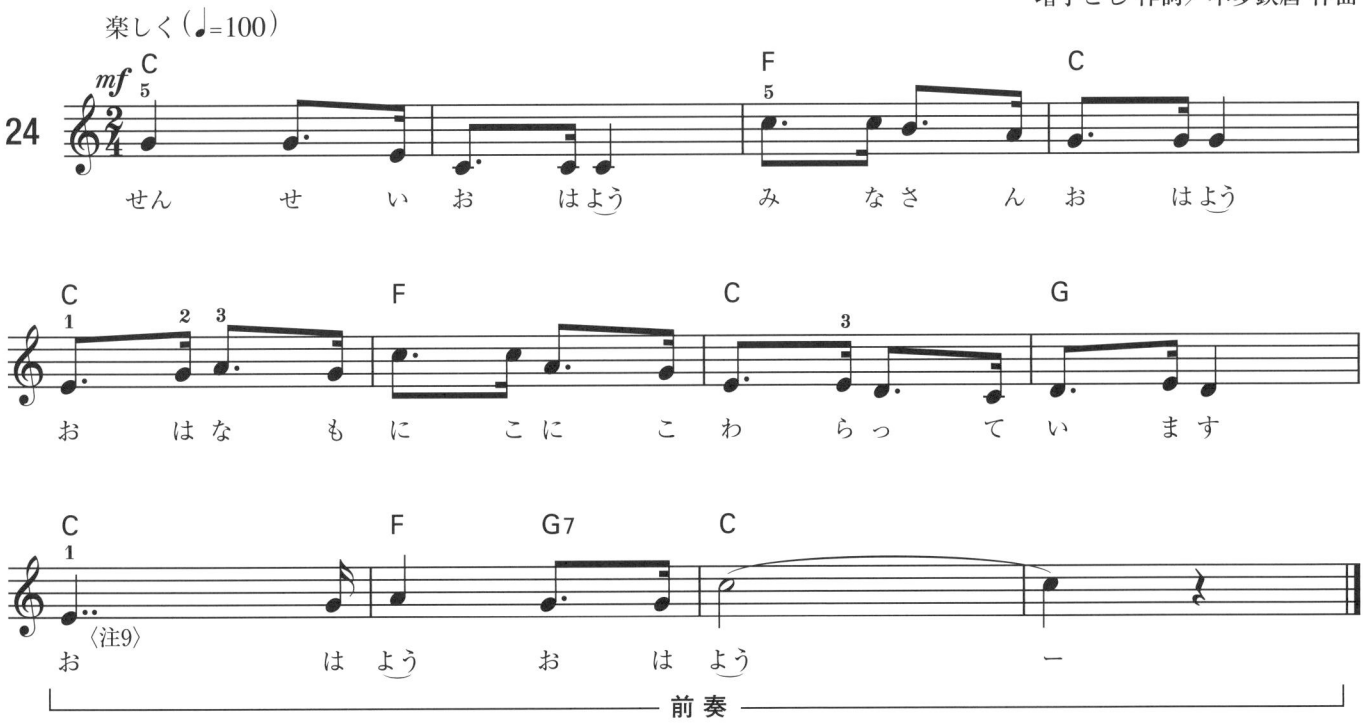

楽しく（♩=100）

せんせい おはよう みなさん おはよう
おはなも にこにこ わらっています
おはよう おはよう ―

―― 前奏 ――

〈注9〉 ♩. = ♩ + ♪ + ♪

おはようのうた

作詞・作曲者不詳

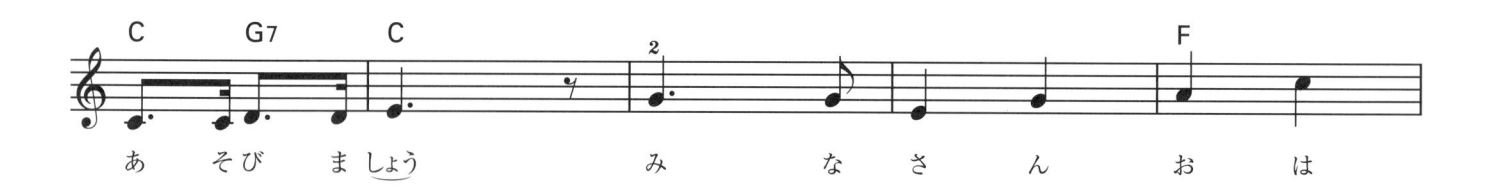

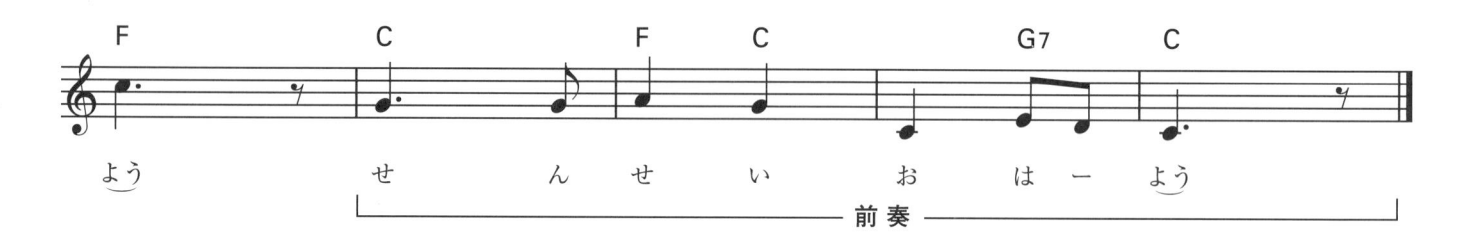

25

おはよう おはよう すずめも ちゅん ちゅん おはーよう ぼくも わたしも なかよく あそびましょう みなさん おはよう せんせい おはーよう

―― 前奏 ――

おべんとう

天野 蝶 作詞／一宮道子 作曲

26

おべんとう おべんとう うれしいな おててもきれいになりました みんなそろってごあいさつ

―― 前奏 ――

さよならのうた

高すすむ 作詞／渡辺 茂 作曲

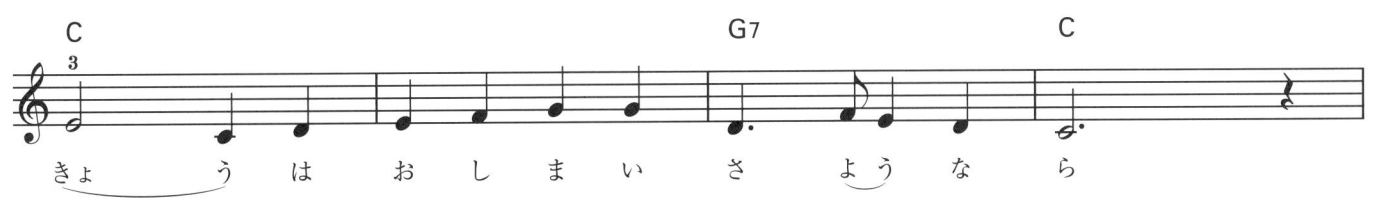

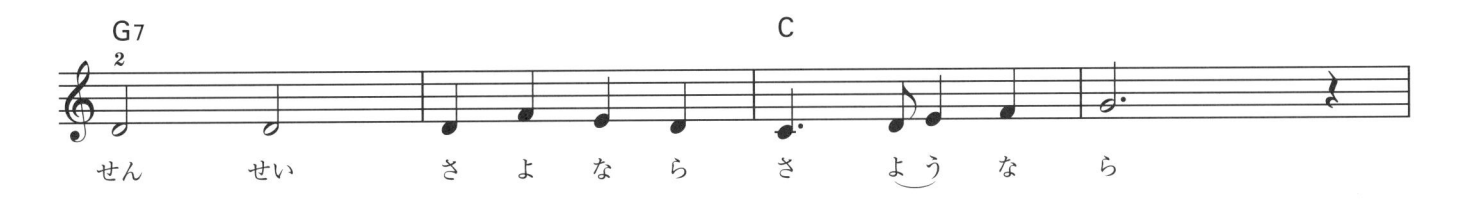

お もし ろかった お もし ろかった お もし ろかった お あそ びも
きょ う は お し まい さ よう な ら
せん せい さ よ なら さ よう な ら
み なさん さ よ なら さ よう な ら

——前奏——

おかえりのうた

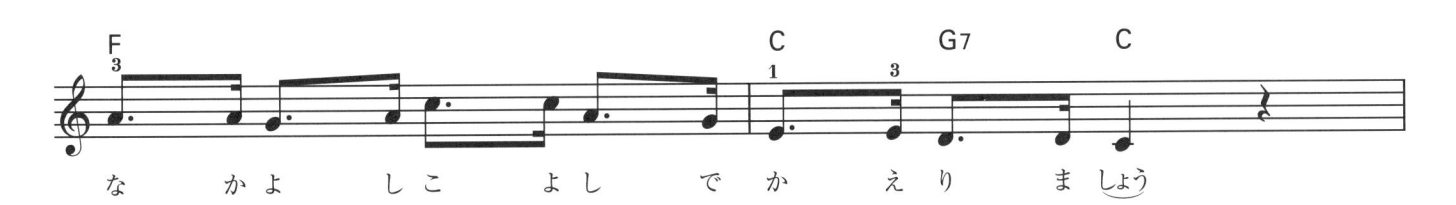

天野 蝶 作詞／一宮道子 作曲

たのしく(♩=126)

きょ ー う も た の しく す ぎ ま した
な かよ し こ よし で か え り ま しょう
せ ん せい さ よ なら ま た あ した

——前奏——

バイエル No.90

Allegretto

29 *f* *legato*

〈注10〉 *marcato*

〈注10〉 *marcato*（マルカート）：はっきりと。

ト長調の練習

みずあそび

東 くめ 作詞／滝 廉太郎 作曲

♩=104

みずを たくさん くんできて みずでっぽうで あそびましょう 1 2 3 4 しゅっ しゅっ しゅっ

前奏

山の音楽家

水田詩仙 作詞／ドイツ民謡

♩=92

わたしゃおんがくかやまのこりすじょうずにバイオリンひいてみましょう キュキュキュ キュ キュ キュ キュキュ キュ キュ キュキュ キュ キュ キュ キュキュ キュ キュ キュ いかーがです

前奏

大きな古時計

保富康午 日本語詞／ワーク 作曲

おおきなのっぽの ふるどけい おじいさんの とけい
ひゃくねん いつも うごいていた ごじまんのとけいさ
おじいさんの うまれた あさに かってきた とけいさ
いまは もう うごかない そのとけい ひゃくねん やすまずに
チクタク チクタク おじいさんと いっしょに チクタク チクタク
いまは もう うごかない そのとけい

前奏

バイエル No.78

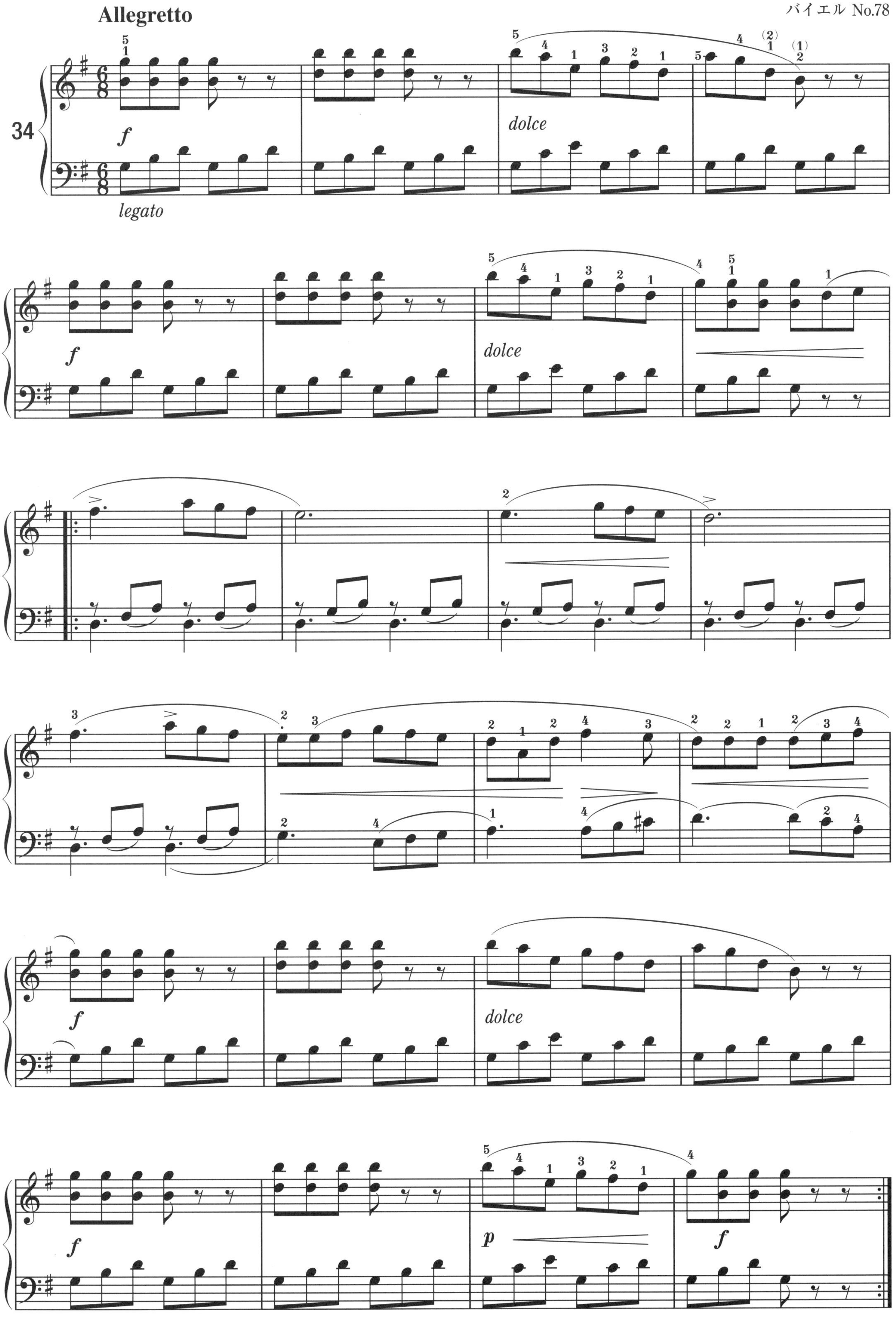

ヘ長調の練習

チューリップ

近藤宮子 作詞／井上武士 作曲

さいた さいた チューリップの はなが ならんだ ならんだ
あかしろ きいろ どの はな みても きれいだな
前奏

お正月

東くめ 作詞／滝 廉太郎 作曲

もう いくつ ねると おしょうがつ おしょうがつには たこあげて
こまを まわして あそびましょう は やくー こいこい おしょうがつ
前奏

おかたづけ

作詞・作曲者不詳

おかたづけ おかたづけ さあ みなさん おかたづけ

〈注11〉▼（スタッカーティッシモ）：スタッカートよりもさらに短く切って。

二長調の練習

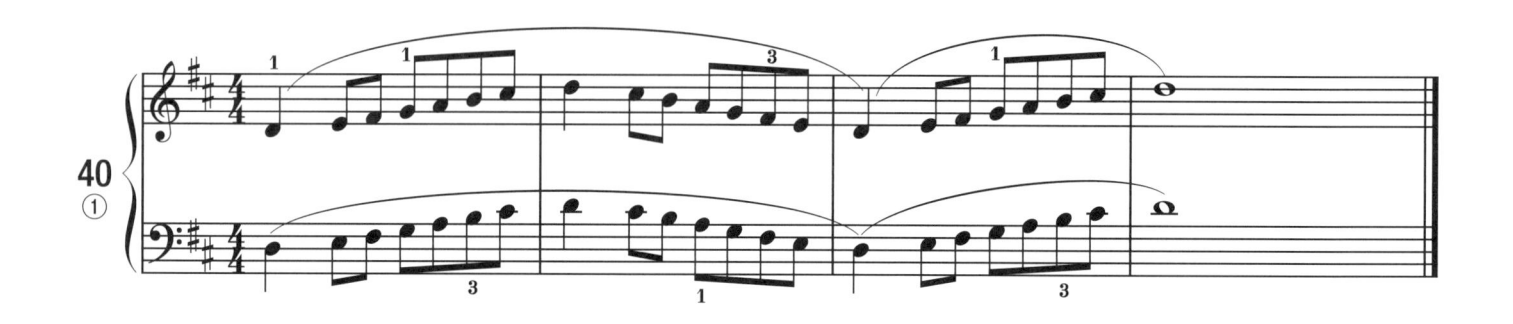

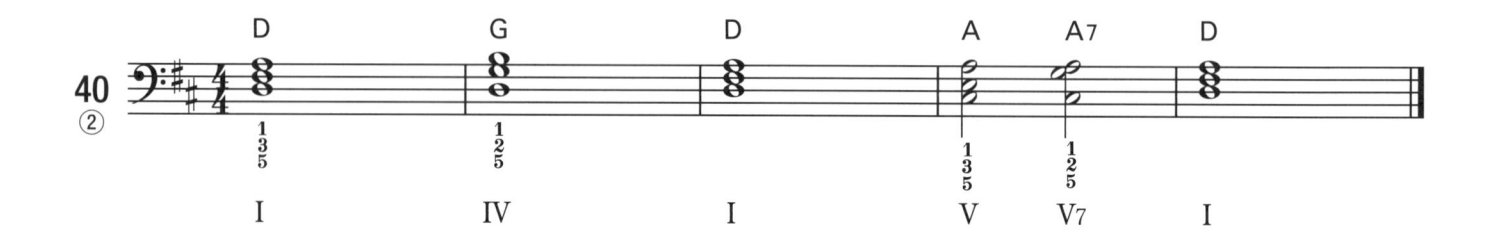

めだかの学校

茶木 滋 作詩／中田喜直 作曲

めだか の がっこう は かわ の なか
そっ と のぞいて みて ごらん そっ と のぞいて
みて ごらん みん な で お ゆう ぎ して いる よ

前奏

こいのぼり

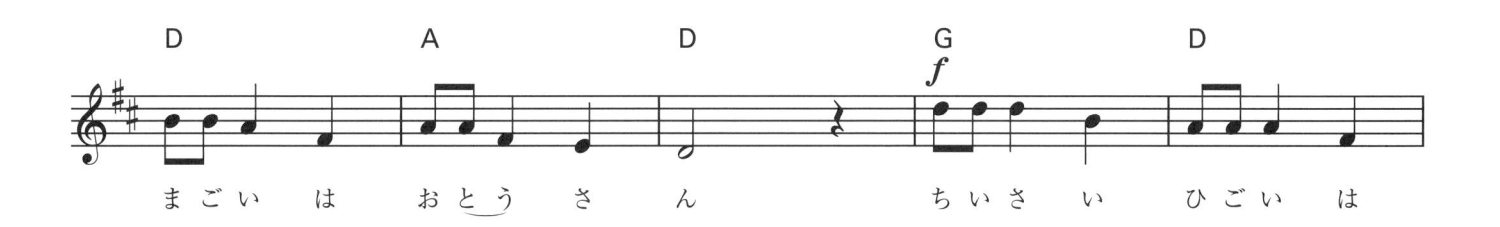

えほん唱歌

42

とけいのうた

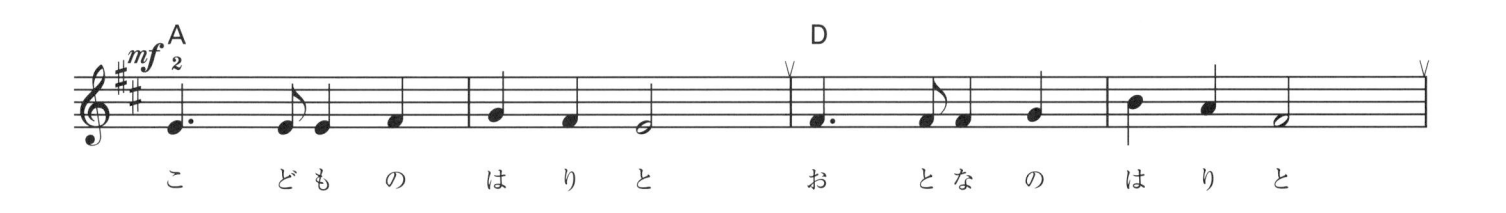

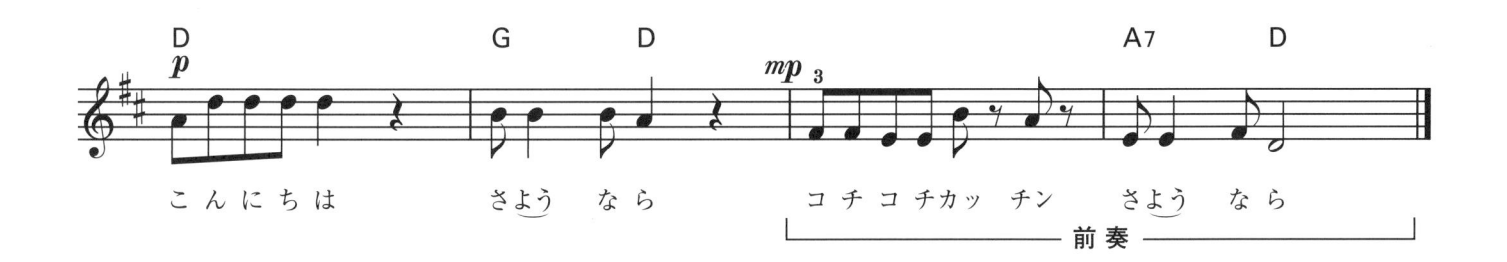

筒井敬介 作詞／村上太朗 作曲

43

Allegretto

バイエル No.80

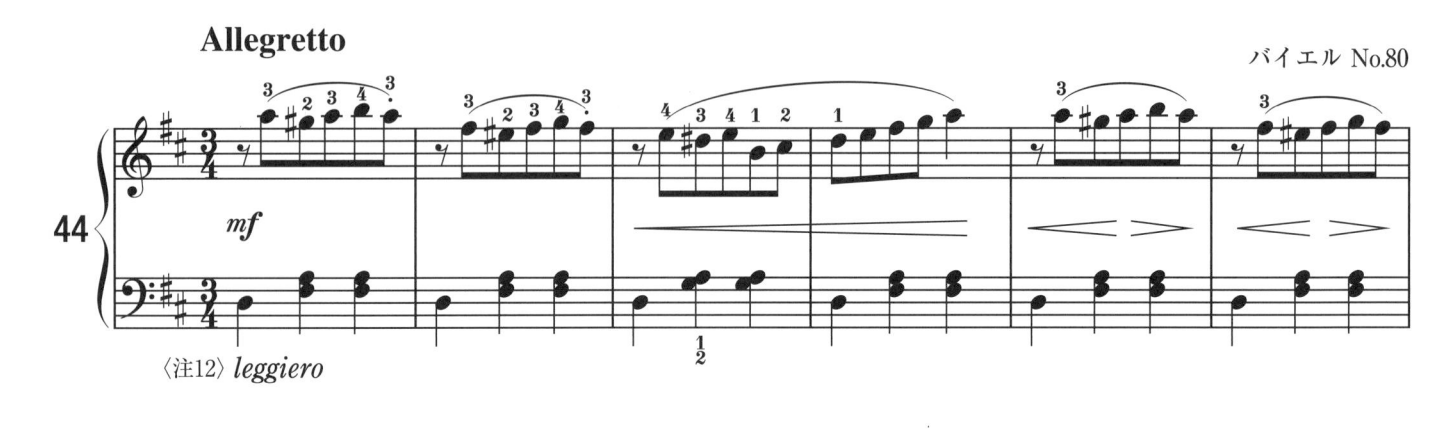

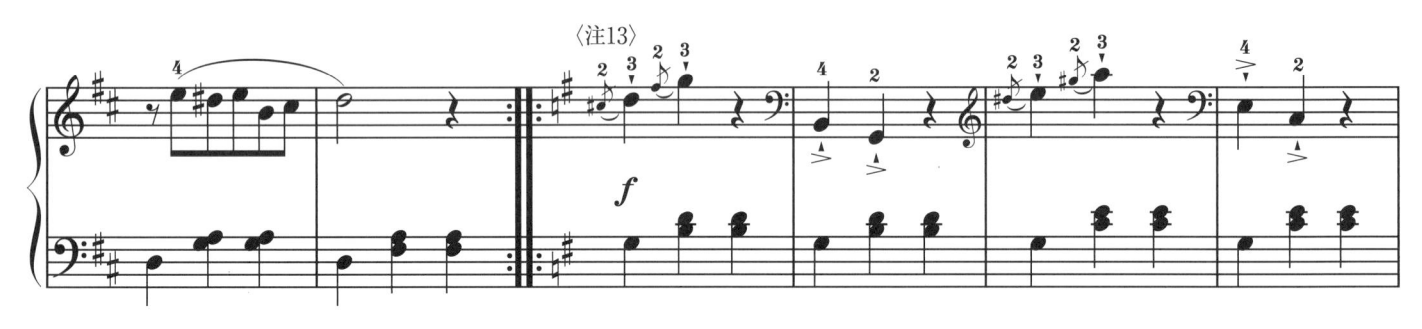

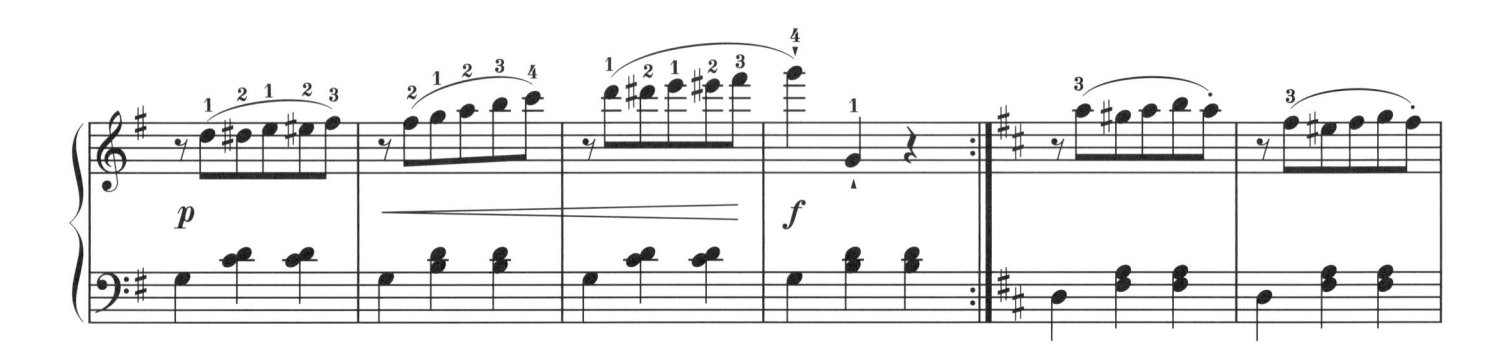

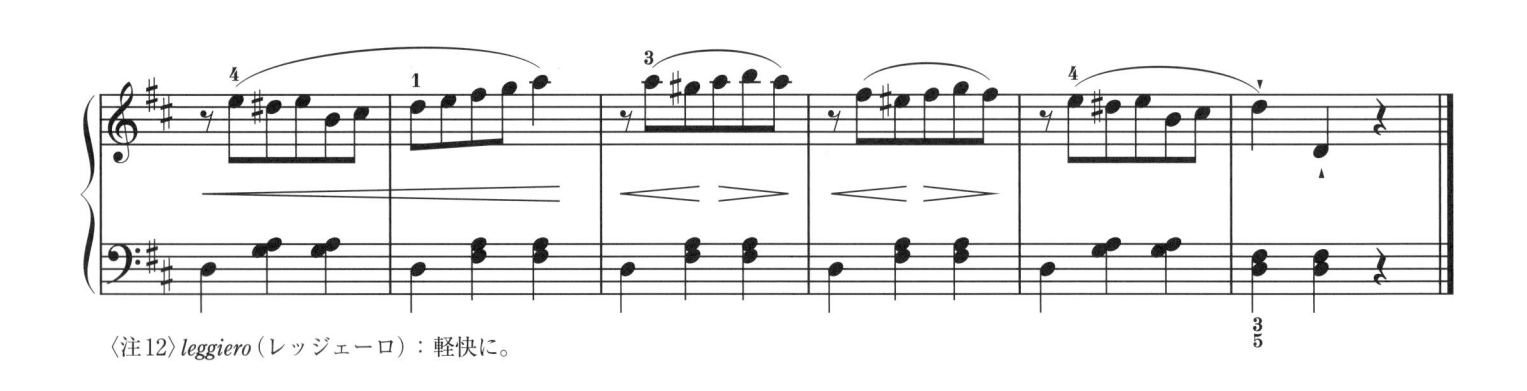

44

mf

⟨注12⟩ *leggiero*

⟨注13⟩

f

p

f

⟨注12⟩ *leggiero*（レッジェーロ）：軽快に。

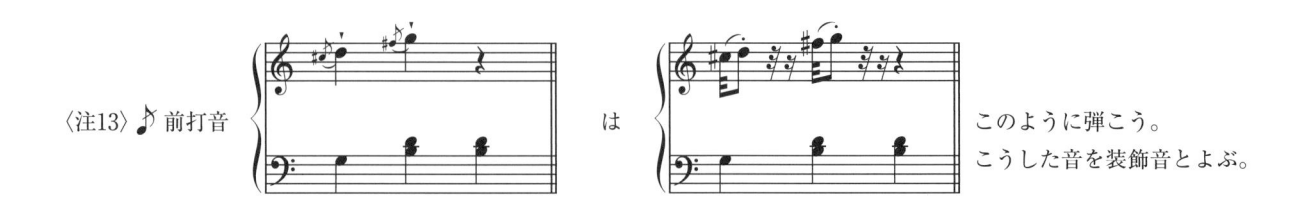

⟨注13⟩ ♪ 前打音　　　　　は　　　　　このように弾こう。
こうした音を装飾音とよぶ。

イ短調の練習

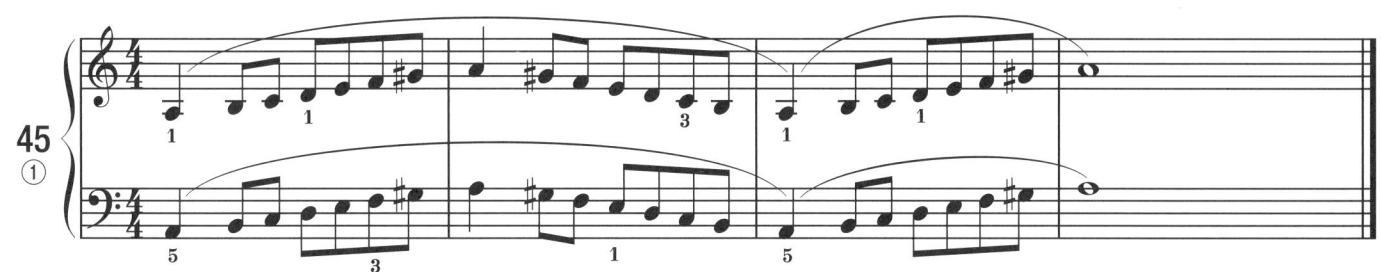

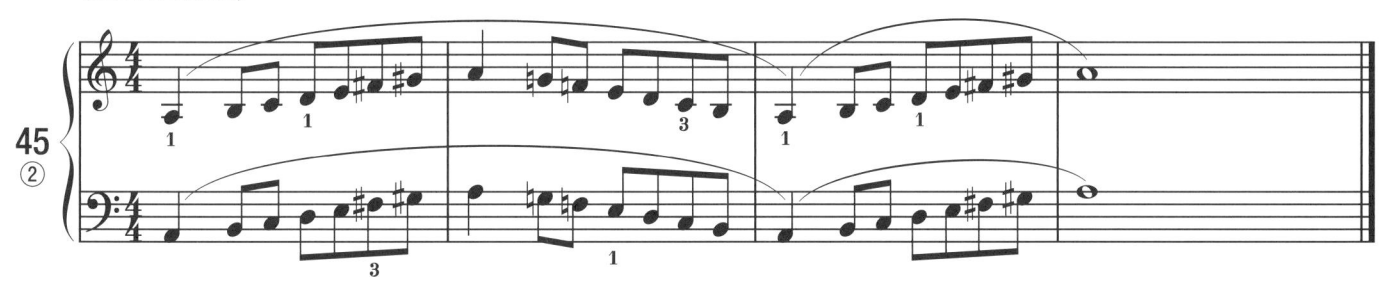

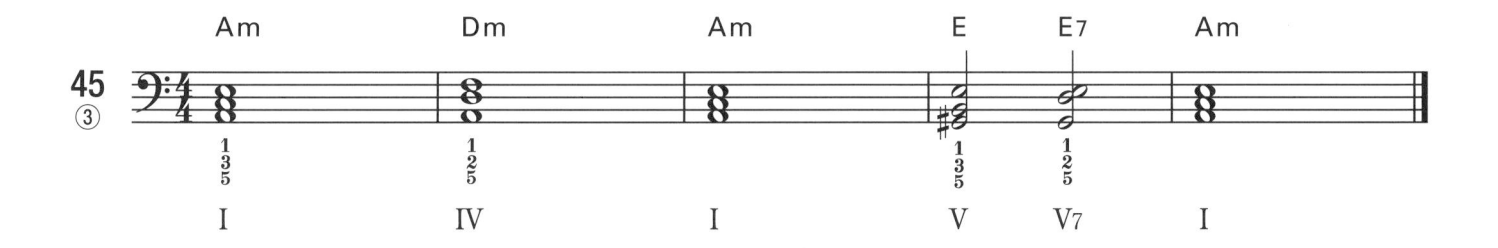

Allegretto

バイエル No.91

46 dolce

小学校音楽科〈共通教材〉

〔第1学年〕

うみ

文部省唱歌／林 柳波 作詞／井上武士 作曲

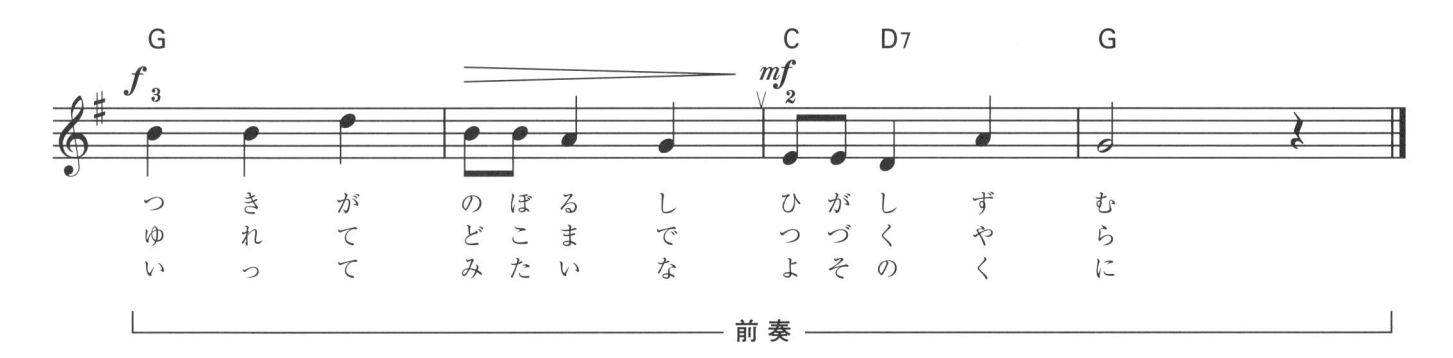

47

うみは ひろいな おおきいな
つきが のぼるし ひがしずむ

うみは おおなみ あおいなみ
ゆれて どんぶり のんでみた

うみに おふねを うかばせて
いって みたいな よそのくに

― 前 奏 ―

かたつむり

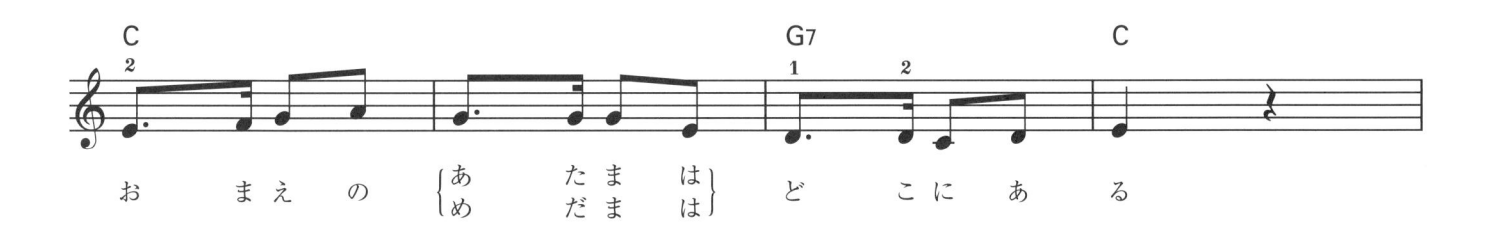

文部省唱歌

48

でんでん むしむし かたつむり
おまえの {あたま／めだま} は どこにある
つのだせ やりだせ {あたま／めだま} だせ

― 前 奏 ―

ひのまる

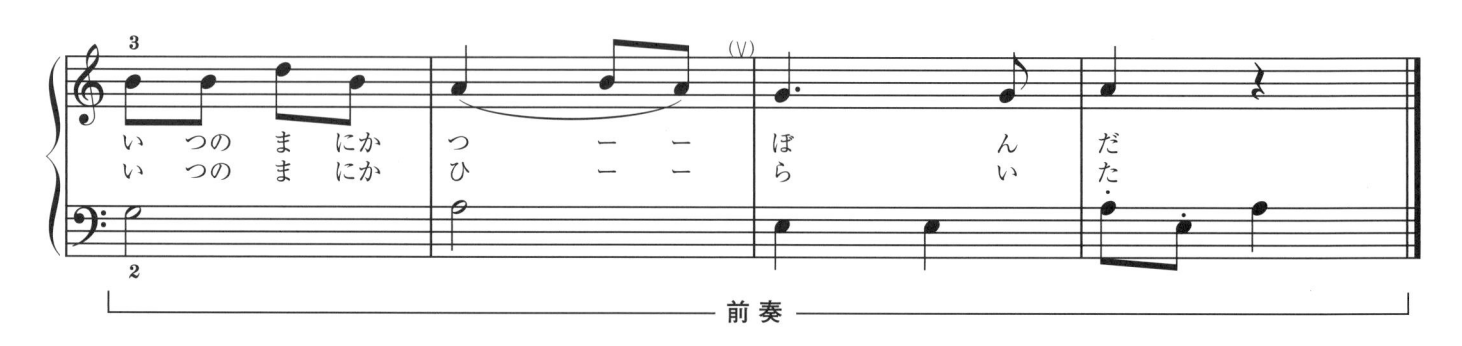

ひらいたひらいた

〔第2学年〕

かくれんぼ

文部省唱歌／林 柳波 作詞／下総皖一 作曲

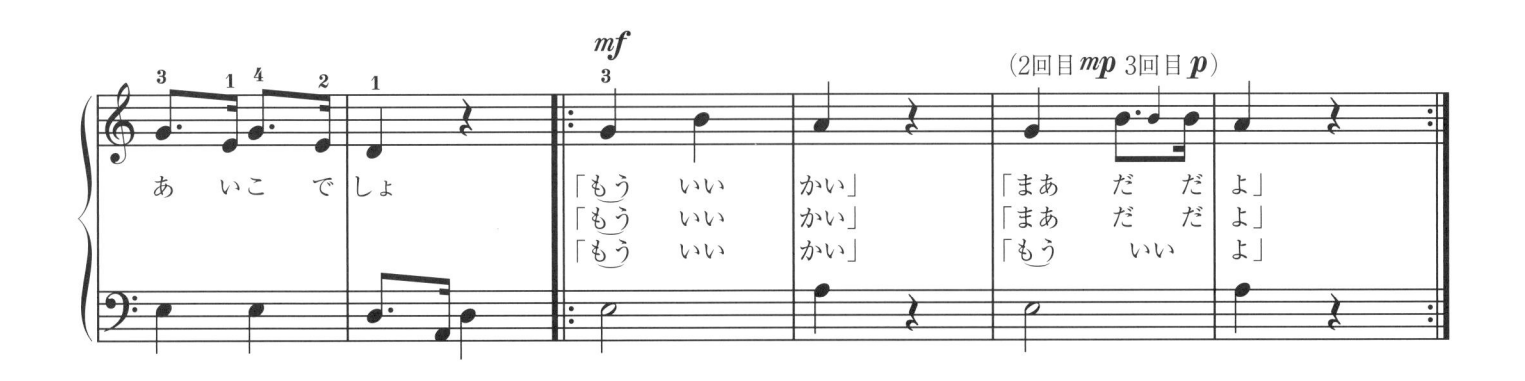

虫のこえ

文部省唱歌

あれ／まつ／むし／が／ないて／いる
ちん／ちろ／ちん／ちろ／ちん／ちろ／りん
あきの よながを なきとおす
ああ おもしろい むしのこえ

（2番）
あれ きりぎりす ないている
がちゃ がちゃ がちゃ がちゃ くつわむし
ちょん ちょん ちょん ちょん すいっちょん

夕やけこやけ

中村雨紅 作詞／草川 信 作曲

ゆうやけ こやけで ひがくれて やまのおてらの かねがなる おててつないで みなかえろ からすといっしょに かえりましょう

こどもが かえった あとからは おおきな おつきさま こ とりが ゆめを みるころは そらには きらきら きんのほし

〔第3学年〕

うさぎ

日本古謡

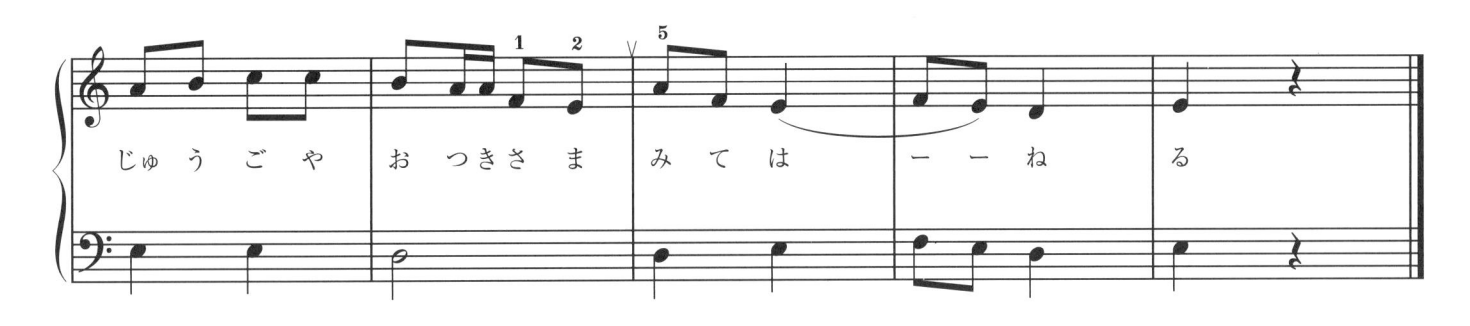

55

うさぎ うさぎ なにみて はねる
じゅうごや おつきさま みては ーー ねる

前奏

茶つみ

文部省唱歌

♩=100〜108

56

なつもちかづくはちじゅうはちやや
ひよりつづきのきょうのごろを

のにもやまにもわかばがしげる
こころのどかにつみつつうたう

あれにみえるはちゃつみじゃないかね
あつめよつめつつまねばならぬ

あかねだすきにすげのかさ
あつまにゃにほんのちゃにならぬ

前奏

春の小川

文部省唱歌／高野辰之 作詞／岡野貞一 作曲

♩=100〜108

は－るの おがわは ささらさら いくよ
き－しの すみれや れんげの はなに
す－がた やさしく いろうつくしく
さ－けよ さけよと ささやきながら

きょ－う も やいちにち ひなたで およぎ

ふじ山

文部省唱歌／巌谷小波 作詞

♩=96

あたまを くもの うえにだ－し
あおぞら たか－く そびえた－ち
しかほ－ら うだにに やーきをみ おろ－し－て
からみなす りみの さーまーを と おくひく
ふじは にっぽん いちの やま

前奏

〔第4学年〕

さくらさくら

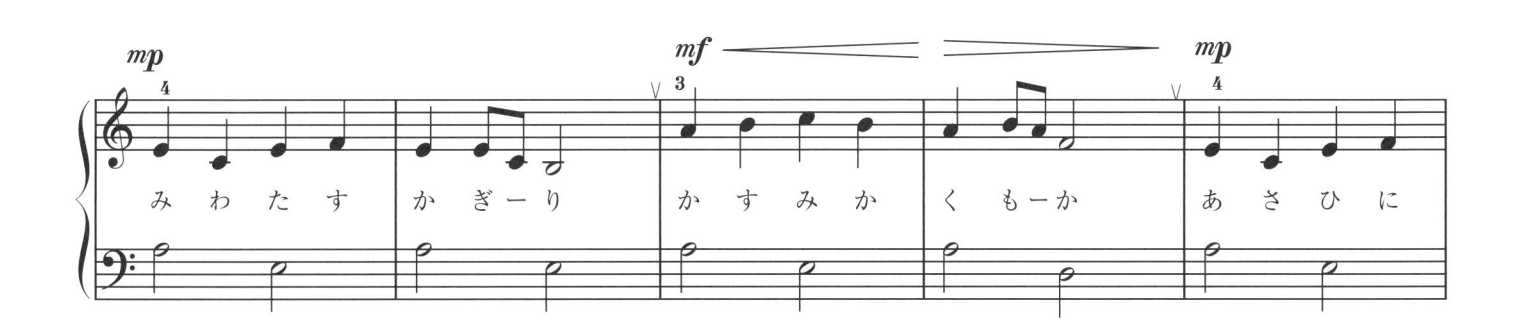

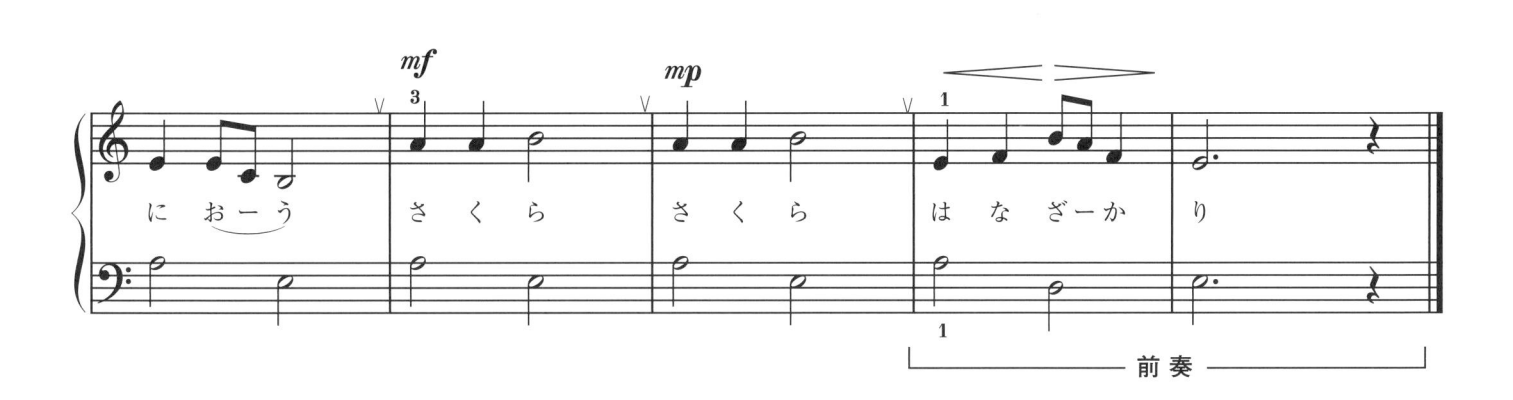

日本古謡

とんび

葛原しげる 作詞／梁田 貞 作曲

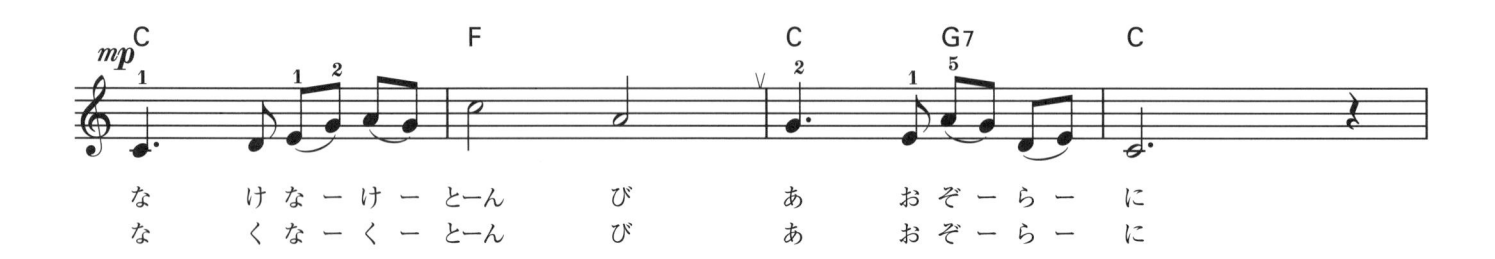

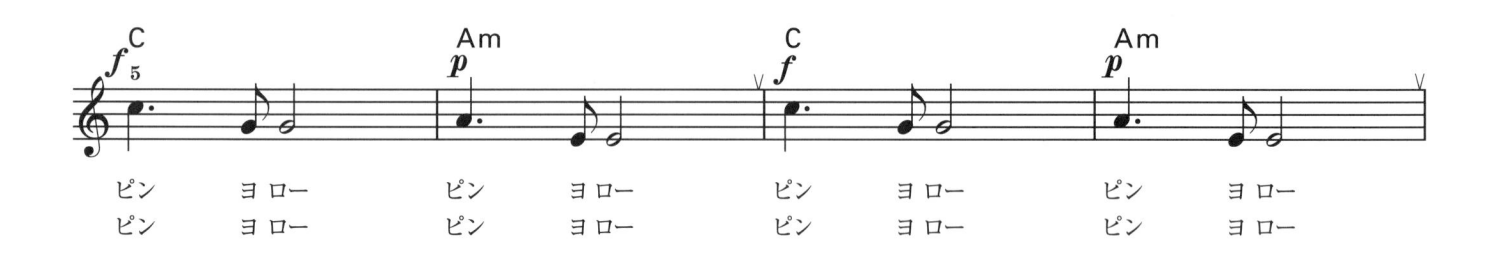

1. とべとーベーとんび そらたーかーく
2. とぶとーぶーとんび そらたーかーく

なけなーけーとんび あおぞらーに
なくなーくーとんび あおぞらーに

ピン ヨロー ピン ヨロー ピン ヨロー ピン ヨロー
ピン ヨロー ピン ヨロー ピン ヨロー ピン ヨロー

たのしーげーに わをかーいーて
たのしーげーに わをかーいーて

前 奏

※ 原曲では、♩.. ♪♩ になっています。

まきばの朝

文部省唱歌／船橋栄吉 作曲

1. た だーい ち め ん に た ちーこ め た ま
2. も うーお き だ し た こ やーご や の あ
3. い まーさ し の ぼ る ひ のーか げ に ゆ

き ば の あ さ の き りーの う み
た り に た か さ め た ひ と りーの こ え
め か ら さ め た も り ーや や ま

ポ プ ラ に な つ み ーき ーの う ーっ す り と に く う と
き り に あ か い ひ つ ーま ーれ あ ち こ ち に
あ か い ひ か ーり に そ め こ ら れ た

ろ い そ こ か ら い さ ま し く か す
ご く ひ つ じ え の い ぼ む れ の ふ
お い の ず え に ぼ く ど う の

ね が な ーる な る カーン カーン と と
ず が な ーる な る リーン リーン と と
え が な ーる な る ピー ピー と

―― 前奏 ――

もみじ

文部省唱歌／高野辰之 作詞／岡野貞一 作曲

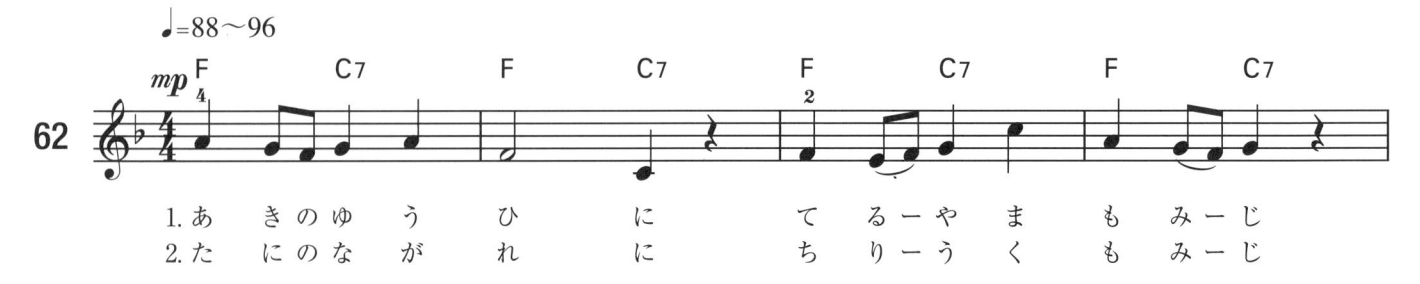

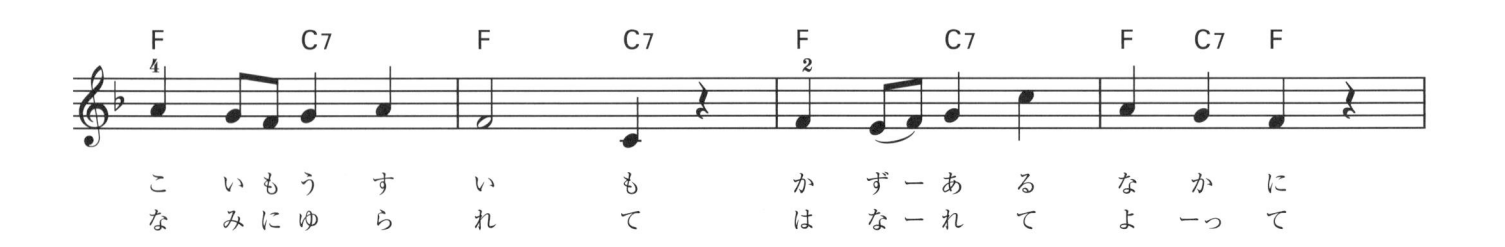

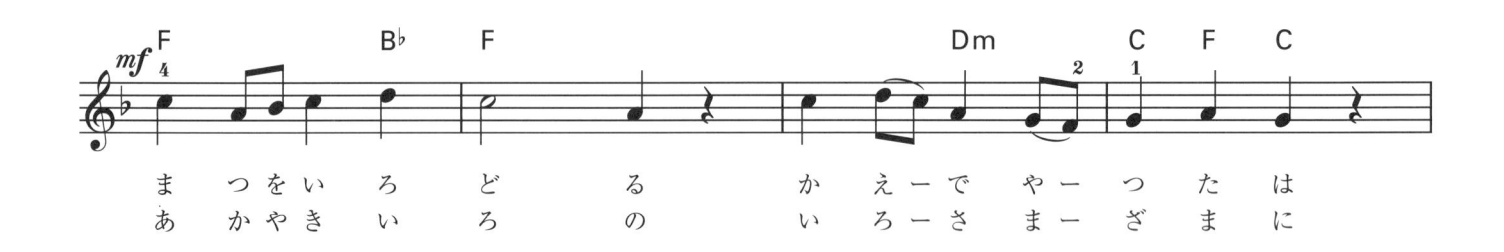

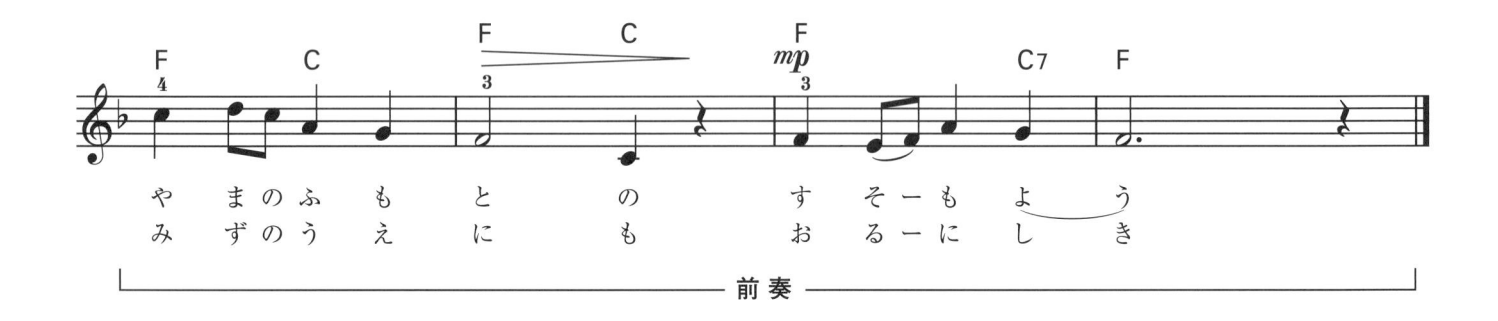

♩=88〜96

1. あきのゆうひに てるーやま もみーじ
   こいもうすい もて かずーある なかに
   まつをいろどる かえーでやー つたは
   やまのふもとの すそーも よう

2. たにのながれに ちりーうく もみーじ
   なみにゆられて はなれて よーって
   あかやきいろの いろーさーまーざまに
   みずのうえにも おるーにしき

前奏

〔第5学年〕

こいのぼり

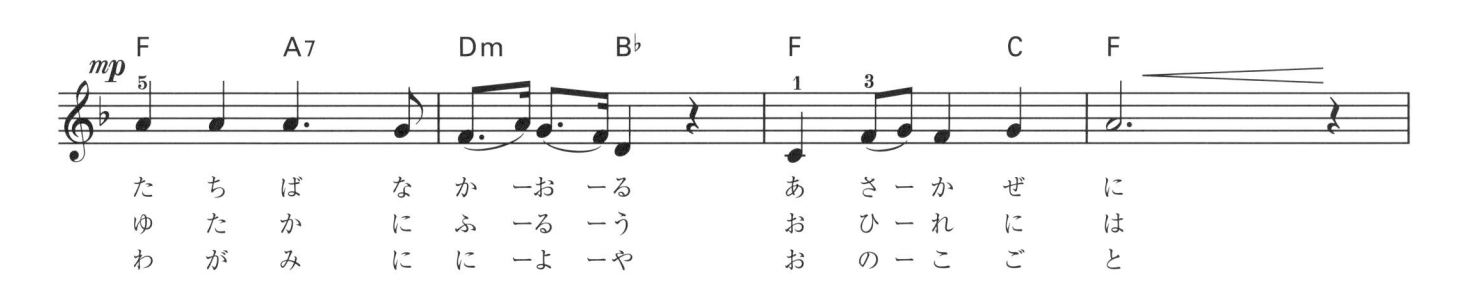

文部省唱歌

♩=92〜100

1. いーらーか の なーみーと くーも ーの な み
2. ひーらーけ る ひーろーき そーの ーく ち に
3. もーもーせ の たーきーを の ーぼ ーり な ば

かーさーな る なーみーの なーか ーぞ ら を
ふーねーを も のーまーん さーまーみ え て
たーちーま ち りゅーうーに なーり ーぬ べ き

たーち ば な かーおーる あ さーか ぜ に は
ゆ た か に ふーるーう お ひ ー れ に は
わ が み に よーや お のーこ ご と

た か く おーよーぐ や こ いーの ぼ り
も の に どーうーぜ ぬ す がーた あ り
そ ら に おーどーる や こ いーの ぼ り

前 奏

基礎教材 65

子もり歌 1

日本古謡

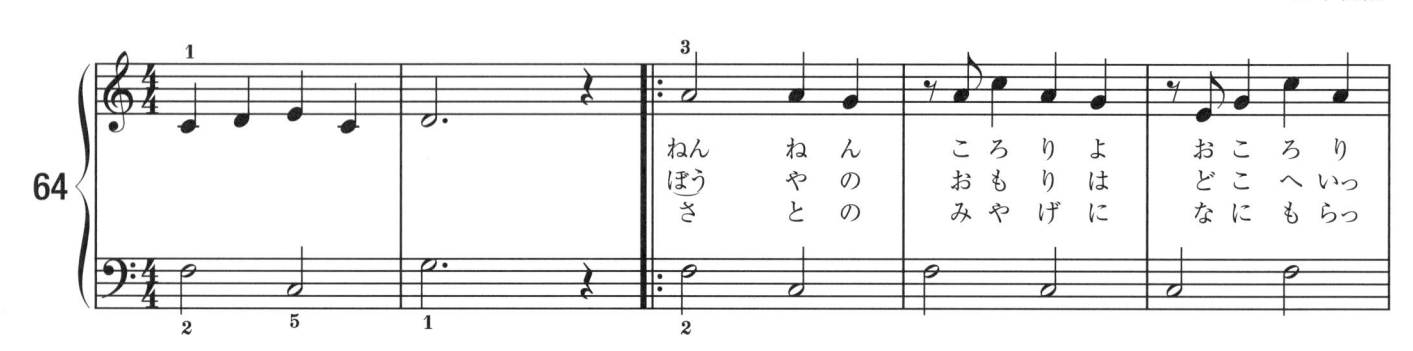

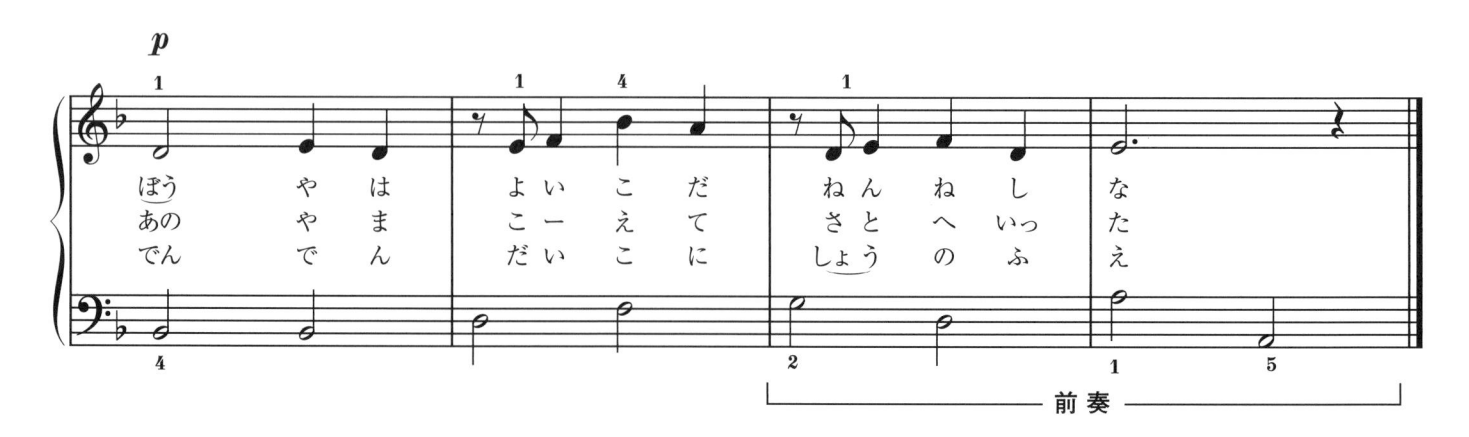

スキーの歌

文部省唱歌／林 柳波 作詞／橋本国彦 作曲

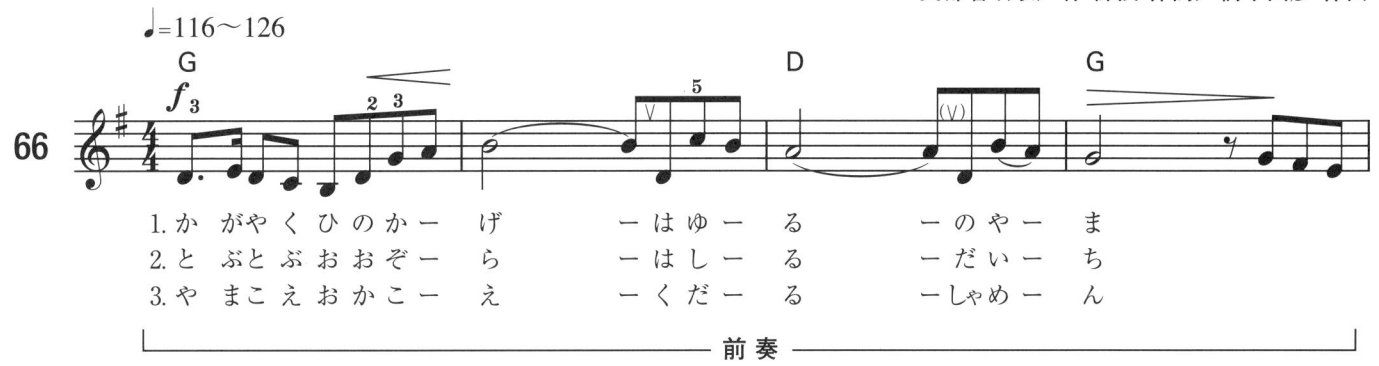

冬げしき

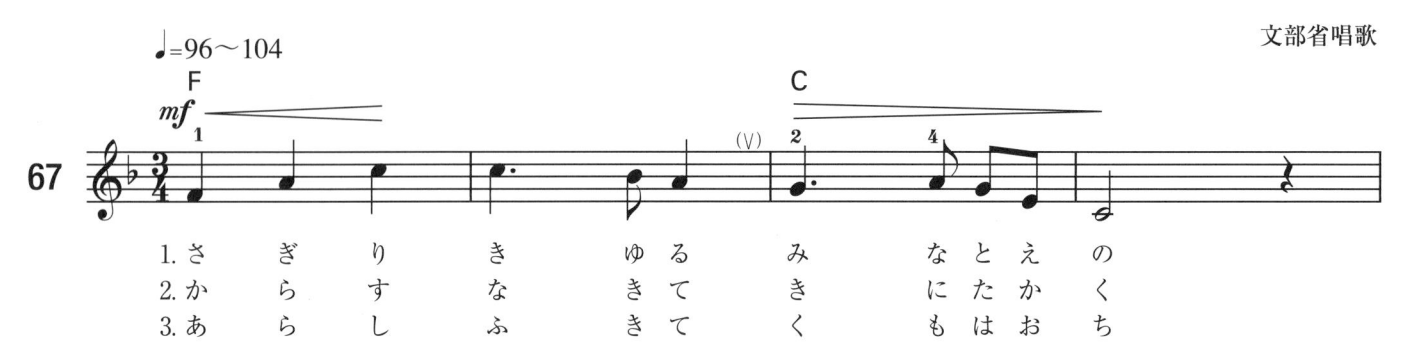

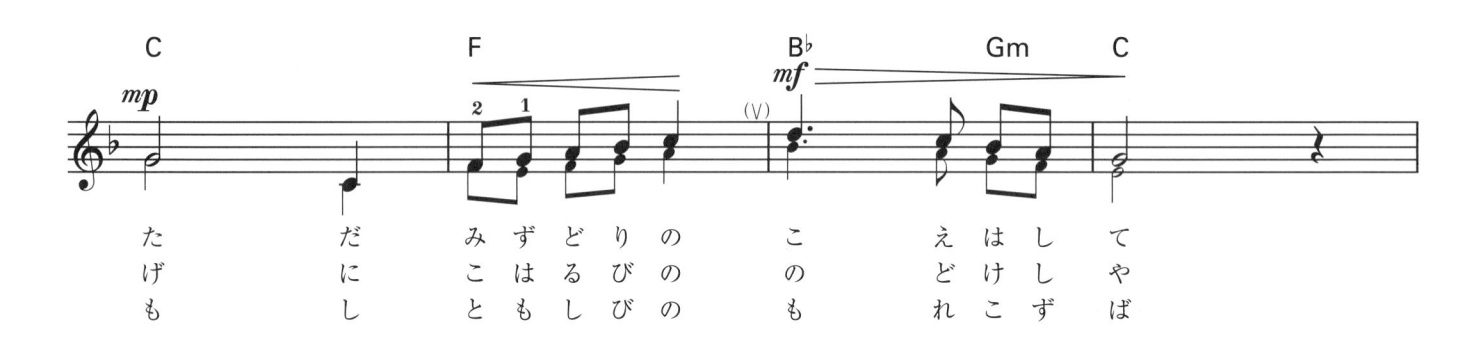

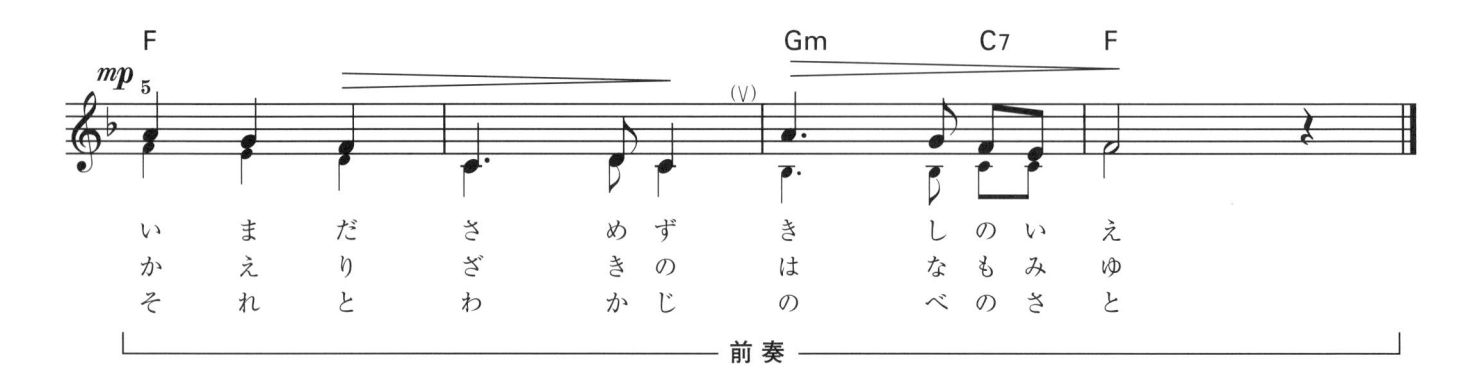

文部省唱歌

[第6学年]

越天楽今様

慈鎮和尚 作歌／日本古謡／浦田健次郎 編曲

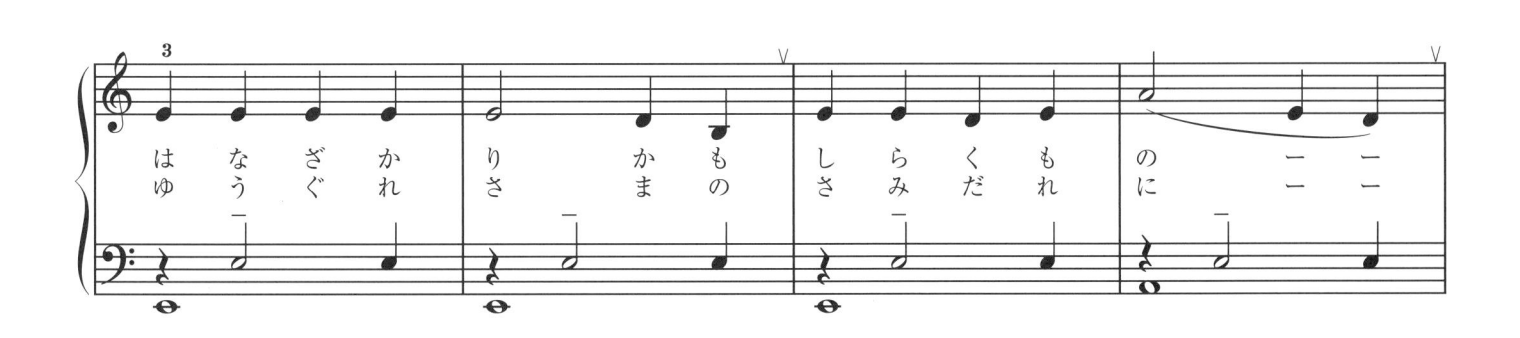

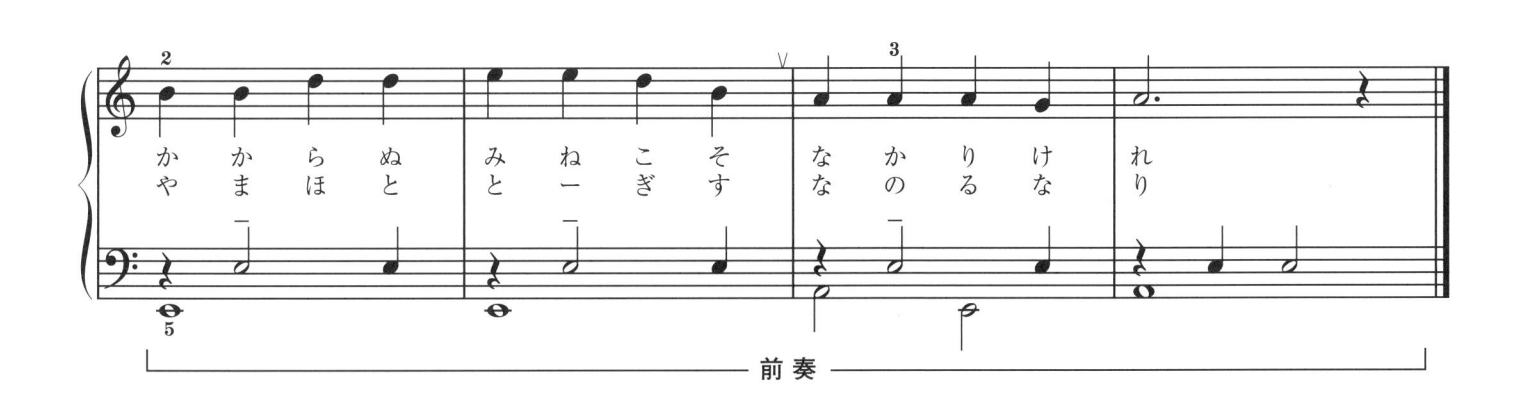

おぼろ月夜

文部省唱歌／高野辰之 作詞／岡野貞一 作曲

なのはなばたけーにいりひうすれ
さとわのほかげーもみわたす

たかすやまのーはかたすみふかしはるかわ
かのこみちーをみるひとも

かずぜそよふーくそーらをみればゆうさな
のなくねーもかーねのおとも

づがきかかりてにおいあわしよ
らかすめーるおぼろづき

（前奏のとき）

ふるさと

文部省唱歌／高野辰之 作詞／岡野貞一 作曲

うさぎおいしかのやまはこぶながの
いこざいしをかちのちたいまはこついぶつ

つなりしかのがわゆめはいーまもめーぐー
ひにかえがらあめにかぜにつけふる
やまあおき

りてわすれがたきふるさととー
てーもおみずはきよふるさと

われは海の子

文部省唱歌

♩=120〜132

1. わ れ は う み の こ しら なみ の
2. う まれて し お に ゆ あみ し て
3. た か く は な つ く い そ の か に

さ ー わ ぐ い そ べ の ま つ ば ら に
な ー み の を こ も の う た お り あ
ふ だ ん の は な の か り き り

け む り た な び く と ま や こ そ
せ ん り の た よ せ る ま み や の か ぜ
な ぎ さ の ま ー つ に ふ く か を

わ が な つ か し ら き と す み か な れ く
す い ー み じ き わ ら く と み り に は け き
い ー み じ き が ら と な わ か は く

前奏

身体表現教材

この教材を使う前に

　幼児期は、人間の身体的・心理的発達にとって非常に重要な時期である。子どもたちはこの時期、主に親兄弟や同年代の友達との関わりの中で、社会性(好奇心・思いやりの心・協調性・自主性など)や感性を身につけていく。何かになりきって変身したり、見立てごっこをしたり、イメージを表現したり——理解力、想像力、表現力が豊かになればなるほど子どもたちの知的好奇心は広がっていく。こうした好奇心や生活体験の豊かさが、知的能力を高め、人と関わる能力を育てていくのである。したがって幼児期の教育は、子どもたちの五感の発達を促し、豊かな自己表現が可能となるような活動を積極的に取り入れる必要がある。

　その一助として大切な役割を担うのが音楽である。幼児期に「遊び」を通してさまざまな音楽的体験を積ませ、子どもの発達段階に即した適切な指導を行うことによって、意欲や好奇心を引き出し、生き生きとした自己表現へと導くことが可能となる。この時期の指導においては、子どもの表現意欲を高めることに重きを置き、子どもの音楽的感覚、すなわち、生きた音楽の中に存在する要素(リズム感・拍子感・フレーズ感・音の高低・強弱・テンポ・空間認識など)を身につけさせることが大切である。

　この教材は、子どもたちの基本的な運動機能が伸びる時期に、音楽に合わせて歩く、走る、跳ぶなどのリズミカルな身体運動を行わせ、遊び的な感覚の中で自然に美しい響きを聴ける耳・リズム感・音感・表現力などを養い、豊かな音楽性や感性・集中力・注意力・独創性・創造力などの諸能力を体得させるという意図のもとに編集されている。そこに示された遊び方や活動例を参考に、音楽に合わせて活動する意義を考えながら、表現活動の伴奏や指導法を習得してほしい。

　より充実した活動を子どもたちに提供できる指導者になるために、場面に応じた音楽を選択し、速度、強弱、高低などを変化させることにより、多様な表現を導くことができるよう、音楽的な演奏技術もしっかり身につけてほしい。音そのものに耳を傾けたり、イメージしたものを素直に表現したり——子どもたちの豊かな発想を生かしながら、遊び感覚にあふれた音楽活動が展開されることを願っている。

《保育指導上の留意点》

① 音楽をよく聴き、拍子感を意識させた上でリズムにのって動くことを身につけさせる。
② 手拍子、足拍子、身体のあちこちをたたくボディーパーカッションで遊ばせるなど、子どもたちの発達に応じて指導し、身体全体で音やリズム、拍子を感じられるようにする。
③ 子どもたちが生き生きと活動できるよう、好きな動物や植物、乗り物、絵本、お話など身近な題材を選び、季節や行事、子どもの運動発達の状態を考慮し、それぞれの動きにふさわしい速度や強弱、音色などを工夫する。
④ 活動の際に子どもの動きを見ながら演奏できるように、手元や楽譜を見ないで弾くように心がける。
⑤ 本書で学んだことを手掛かりとして、楽譜やテクニックに縛られない自由な発想で子どもたちの動きに合わせてさまざまにアレンジできるようにする。

◆◆◆ 基礎的な動き ◆◆◆

　ここに紹介する曲は、子どもたちが基礎的な動きを楽しむための一例である。音楽に合わせてさまざまな動きを経験し、音楽の楽しさや美しさを感覚的に味わい、**リズム感や豊かな表現力**を身につければ、運動会や発表会などの行事にもスムーズに役立てることができるだろう。

　「音楽」とは文字通り「音を楽しむ」こと……子どもたちにとって音楽活動そのものが喜びとなり、意欲的に活動できるように、**表現したい音や音楽のイメージ**を持って学習してほしい。

1 あるく・はしる

　音楽に合わせてしっかりとした足取りで色々な歩き方や走り方を経験させてみよう。
　以下の楽譜は「みつばちマーチ」という曲の一部を、いろいろな動きのイメージに合わせてアレンジしたものである。これを参考にして簡単なアレンジの方法を学び、他の曲にも応用してみよう。

みつばちマーチ／外国曲

〈歩き方の例 1〉

・音楽をよく聴いて1人で自由に歩く（散歩、急ぎ足、大男のように、リスのように、クマのように……など）。
・行進するように元気よく歩く（しっかりと手を振りひざを高く上げて）。
・2人で手をつないで足並みをそろえて歩く。
・横1列や縦1列に並んで足並みをそろえて歩く。
・いろいろな歩き方で歩く（つま先やかかとで、大また、小また、内また、外また……など）。
・合図の音（グリッサンドや和音など）が聞こえたら後ろ歩きや方向転換をする……など、これらを組み合わせて、子どもたちが生き生きと活動できるように工夫して弾いてみよう。

※ 最初は音楽に合わせて手をたたかせてもよい。
（子どもたちは気持ちが高揚すると駆け回るため、ピアノに合わせて歩くように指導しよう）
※ 子どもたちが音楽をよく聴くように、時々途中で曲を止めて変化をつけてみよう。
※ 1拍目を意識して、明るく歯切れのよい音色で弾こう。
※ 合図は、入れるタイミングに配慮し、「ハイ」や「どうぞ」という言葉による合図だけでなく、子どもたちが音に集中するように**音の高低や強弱**を工夫しよう。子どもたちがフレーズを感じ取れるように2または4小節単位で合図を入れるようにしよう。

【楽譜1を使った遊び方の例】
♪だるまさんが転んだ♪
① 音楽に合わせて歩かせる。時々音楽を止め(2または4小節のフレーズの切れ目で)動きをストップさせる(音楽が止まったら「石になりますよ、固まって」というような声掛けをすると効果的)。
② 動いた子はゲームから抜けて教師の傍にこさせる(だるまさんが転んだ…の要領で)。
③ 子どもたちが慣れてきたら、音楽に合わせて、歩く・走る・スキップ・ジャンプなど動きを変えてゲームを続ける(音楽のリズム・強弱・速度に変化をつける)。

※ 音楽のフレーズを感じ、さまざまなポーズや動物への変身など、その時々にアレンジを加えながら子どもたちが自由な発想で自己表現できるように指導しよう。
※ タンブリンやウッドブロックなどを使ってさまざまなリズムをたたき、それに合わせて動いたり、音楽の休止で「片足立ち」や「かっこいいポーズ」をさせたりする等、自由に表現させてみよう。
※ 曲の**速度はゆっくりとスタート**し、子どもたちが**慣れてきたら徐々に速度を上げる**とよい。

次の曲は前ページの楽譜1を**短調**にアレンジしたものである。**その調の第3音、第6音を半音下げると短調になる**ので、いろいろな曲で試してみよう。♩を1拍に感じて、優しい音色でゆったりと弾こう。タッチを工夫して動きにふさわしい音色を探してみよう。

〈歩き方の例 2〉

- ゆっくりと歩く。
- 寂しそうに歩く。
- 音を立てないように忍び足で歩く。

【楽譜2を使った遊び方の例】

♪そ～っとそ～っと♪

① 音を立てないように静かに歩かせる。(そ～っと、雲の上を歩くようなイメージで)

② 楽譜1や楽譜2をゆったりとした速度で静かに(**pp**で)演奏し、「そ～っと歩かないと雲から落ちますよ」と声かけをしながら歩かせる。時々、楽譜3のグリッサンド②で雲から落ちるシーンを入れると、子どもたちは夢中になって繰り返し活動する。

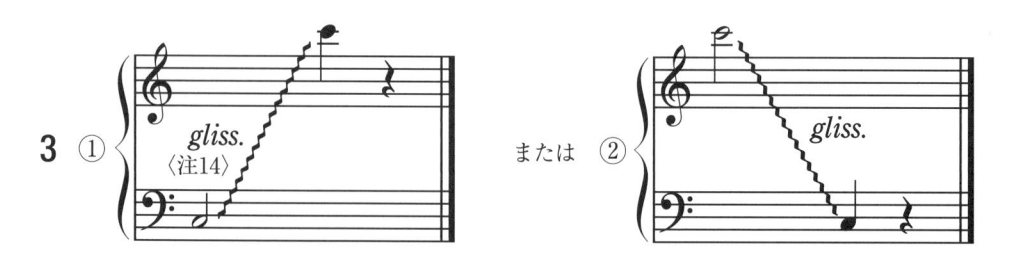

上行：低いところから高いところへの移動（例：打ち上げ花火、ロケット……など）
下行：物体の落下、何かが倒れるさま
〈注14〉*gliss.* は *glissando*（グリッサンド）の略。指の爪で鍵盤を連続的に滑らせて奏する。
　　　　鍵盤を軽くなでるように軽やかに弾く。

〈走り方の例〉
・その場で駆け足をする。
・自由なコースを元気よく走る。
・直線や曲線に沿って走る。
・フープ等を使って電車ごっこをしながら遊ぶ。

※ 速い動きを表現する時は♫や♬のリズムを高音域で、遅い動きを表現する時は○や♩のリズムを低音域で弾くとイメージしやすい。
※ フレーズの切れ目で音楽を止めたり、強弱や速度を変えたりしながら、子どもたちが音楽をよく聴いて反射的に動けるように工夫しよう。
※ 分散和音の伴奏が技術的に難しい場合は、楽譜1の速度をあげて演奏してもよい。
※ 楽譜1・2・4の曲を組み合わせて演奏し、それぞれの音楽に合わせて子どもたちに動きの違いを感じさせよう。その際、曲の変わり目に合図として楽譜3や5をはさむなど、工夫してみよう。

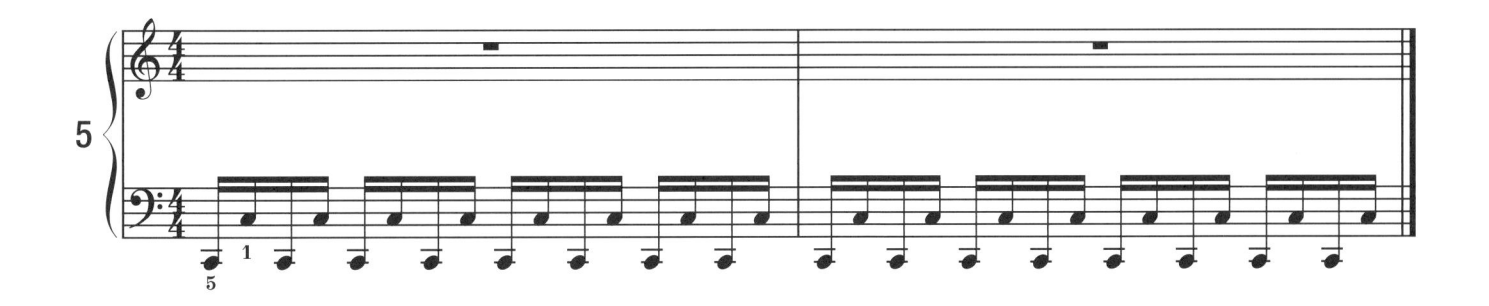

※ **音の高さや2音間の音程、強弱**を変えるとイメージが変わるので、場面に応じて変化させてみよう。
　（例：雷—低音域のオクターブを *ff* で、小鳥のさえずり—高音の隣接した2音を *pp* で）
※ 楽譜3・5は、転調や曲のイメージ、速度を変える時の合図に使うと効果的なので是非マスターしよう。

身体表現教材

2 とぶ・はねる

　ひざや足首をうまく使って、リズムに合わせてさまざまなとび方やスキップを経験させよう。小さく、大きく、前、後ろ、横、斜めなど、さまざまなジャンプをさせてみよう。

〈とび方の例〉

- 1拍に1度、その場で軽く跳ぶ。2拍に1度、少し高く跳ぶ。
- 上記の要領で左右に跳ぶ。
- 両足で跳びながら前進する。
- 2人で手をつないで、あるいは前後に連なって跳ぶ。
- スキップやギャロップで自由に移動する。
- 4/4 ♩ ♪ ♩ ♩ ♩ ♪ のリズムに合わせて軽いジャンプで前進する（3歳前後から可能）。
- ジェンカのリズムで踊る（5歳前後から可能）。

【遊び方の例】

① 数人で1列にならび、前の人の肩に両手をかけてつながる。先頭の人は両手を腰に。

② 次のリズムに動きをあわせて、おどりつづける。

　右足ななめ前へ｜元に戻す｜Ⓐくりかえす｜左足ななめ前へ｜元に戻す｜Ⓑくりかえす｜両足そろえて前にとぶ｜その場でリズムをとる｜両足そろえてうしろにとぶ｜その場でリズムをとる｜両足とび（前へ）｜両足とび（前へ）｜両足とび（前へ）

③ 先頭の人は、好きな方向へ進む。

※ ジャンプやスキップをさせる時は、♩♩を♩♫のようにリズミカルに弾んで演奏しよう。
※ 子どもの**年齢や発達に配慮**し、**動き方や動く速度**をよく考えて弾こう。
　（個人差はあるが、スキップやギャロップが上手にできるようになるのは5歳前後である）
※ 活動に際しては、まずその場で軽くジャンプしてリズムをつかませ、その後にスキップやジャンプで移動させよう。

楽譜6を以下の譜例を参考にアレンジしてみよう。

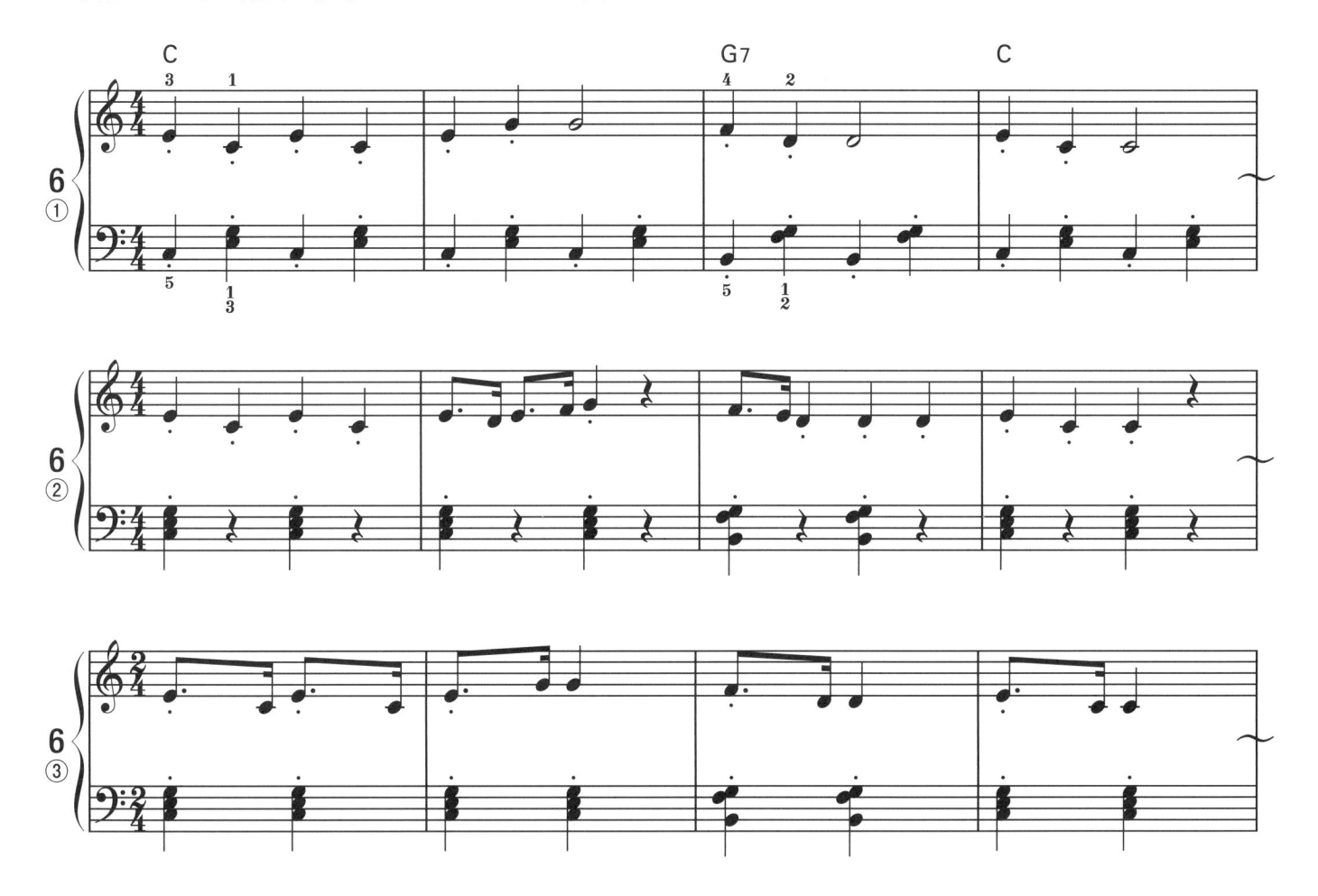

【楽譜6を使った遊び方の例】
♪フープのお家♪

① フープをうさぎさんの家に見立てて、床にバラバラに置く。
② 音楽が聞こえている間はうさぎになってフープの外で遊び、いろいろな所にスキップやジャンプで移動する。
③ 雷の音＝楽譜5が聞こえたら、フープの中に急いで入る。
　（指導者の指定した色のフープに入るというルールを作るとゲーム性が高まり楽しんで活動する）
④ 音楽が再び聞こえたら、再びうさぎになってフープの外でスキップ（またはジャンプ）する。
⑤ 慣れてきたら「雷が落ちてフープのお家が壊れたよ」と言って、フープの数を減らしていく。
　（譲り合って仲良く遊べるように声をかけながら楽しく遊ばせる）
⑥ いろいろな動物になりきって走ったり跳んだりして遊ばせる。
　（変身する動物のイメージに合った曲、速度、強弱、音色などを工夫する）

身体表現教材

3 ゆれる

音楽のゆれを感じ、両足で立って水草のように体をゆらしたり、腕や手先の動きを加えて波や風を表現させたりしてみよう。さらに身体全体を使って自由に移動しながら、ブランコや大風などの表現も経験させよう。

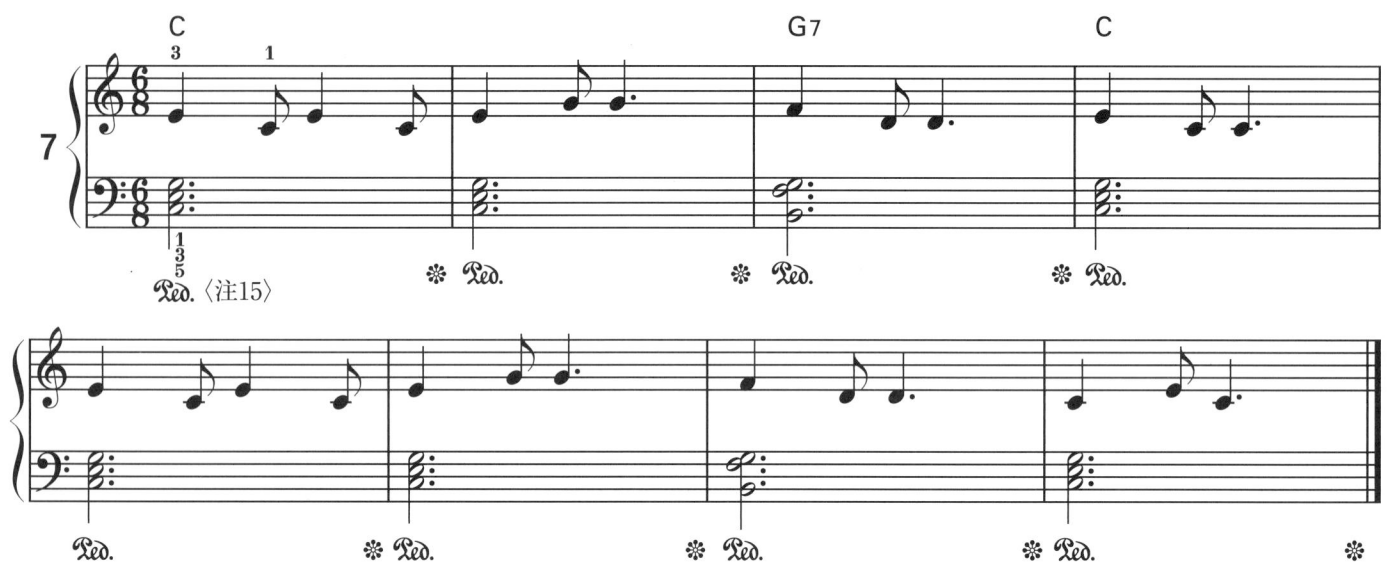

〈注15〉 ℞.は右のペダル（ダンパーペダル）を踏み、※は踏んだペダルを戻す記号。

〈ゆれ方の例〉

・1人で前後または左右にゆれる（ゆっくり・少し速く・大きく・小さく……など）。
・腹ばいになって手で足を持ち、体をそらしてゆれる。
・2人組で向かい合って座り、足の裏を合わせて手をつなぎ交互に引っ張り合ってゆれる。
・背中合わせで座り、交互に押し合ってゆれる。
・横1列に手をつないで（逆手つなぎで）波を表現する。
・そよ風にゆれる木や葉っぱ、水に浮かぶボートや象など具体的なイメージを持ってゆれる。

子どもたちの動きに合わせて、楽譜7を以下の譜例を参考にアレンジしてみよう。

※ 8分の6拍子のリズムにのって、ゆれを感じながら弾こう。
※ ゆれの大きさによって、弾く**速度、強弱**を変えてみよう。
※ 子どもたちのイメージが膨らみやすいように的確な言葉をかけながら、**速度やエネルギー、音の高低、動きの空間**を感じ取って表現できるように工夫しよう。

4 はう

　腕や足、身体全体を十分に使って、いろいろなはい方を表現させよう。身体を柔軟にして横になったり、立ったり座ったり、色々な形で動きをつけさせよう。

〈はい方の例〉

・赤ちゃんのようにはう。
・腹ばいになってへびのようにくねくねとはう。
・馬（高四つばい）、ワニ（低四つばい）など、さまざまな動物に変身する。
・芋虫のようにはう。

※ 半音階の指使いを覚えて手元を見ないで弾けるようになろう。
※ 右手、左手、両手で**色々な音の高さや速度**で自由に繰り返して弾いてみよう。
※ 半音階の上行、下行に合わせて強弱を工夫しよう。

身体表現教材　81

5 まわる

　片足を軸にして回らせたり、小刻みにステップを踏みながら回らせたりしてみよう。手や腕の動きも加えて色々な回り方を表現させよう。その際、目を回す危険性を伴うので、**十分な広さを確保して補助の先生をつける**など**運動環境に配慮し**、一方向だけでなく反対方向にも回らせるなどの工夫をしよう。

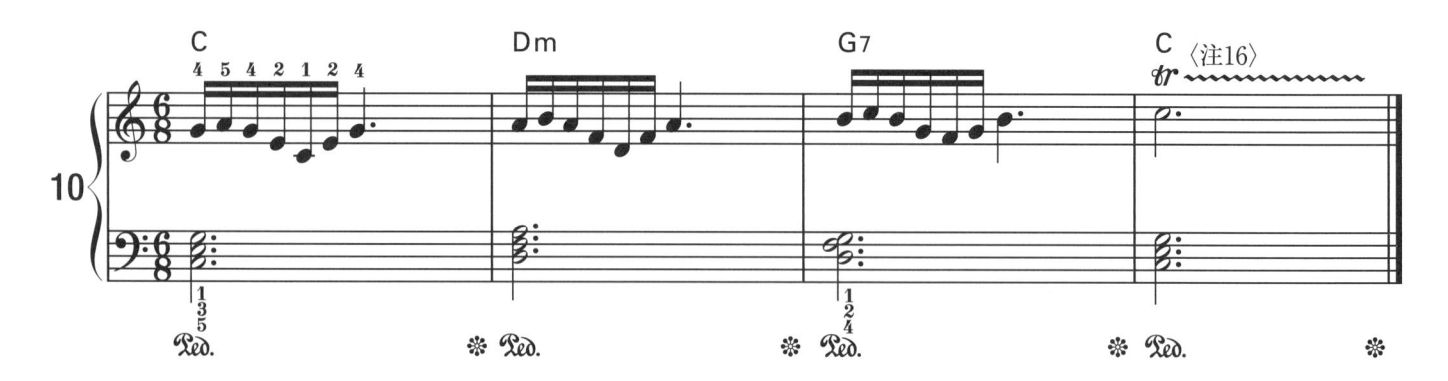

〈注16〉tr〰〰（トリル）は、音をふるわすという意味で、下記のように演奏する。

記譜　　　　　　　　　　　奏法

「エオリアンハープ」より

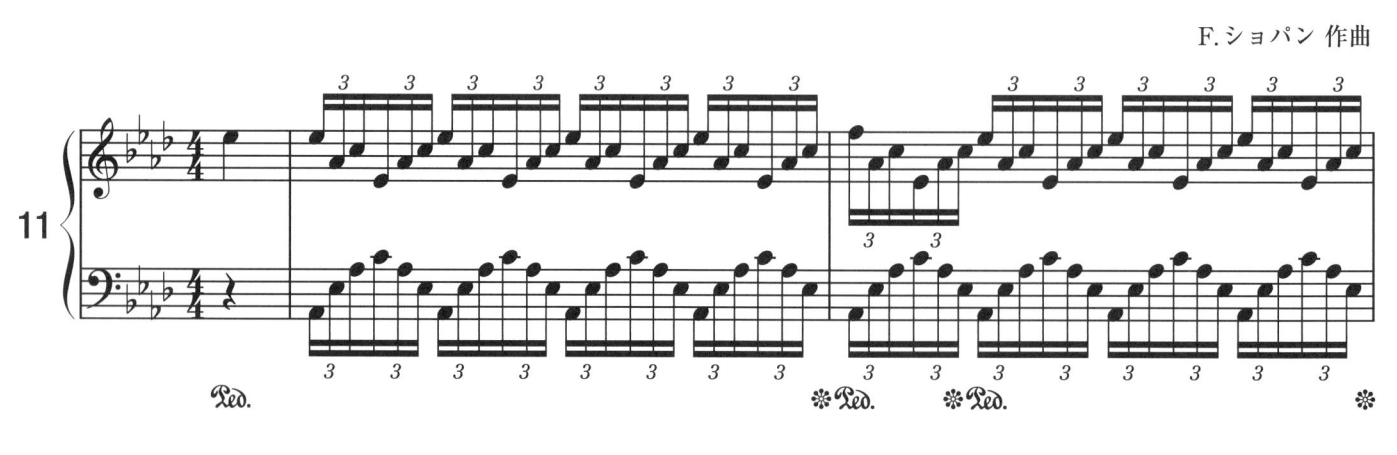

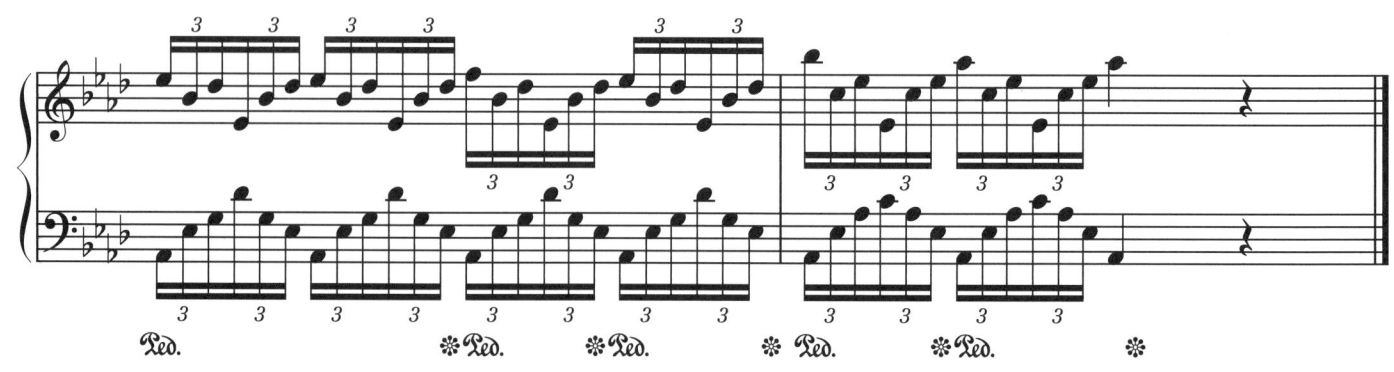

F. ショパン 作曲

〈まわり方の例〉

・こまやバレリーナのようにくるくると立ったまま回る。
・ドングリがころころ転がるように横になって回転する。
・変身するようなイメージで一回転する。

※ 子どもたちがイメージしやすいような言葉かけをしながら、そよ風になって走らせたり、風に舞う木の葉のようにくるくると回らせたりしてみよう。

※ 細かい音符は、指の動きをスムーズにして音の粒をそろえ、優しい音色でペダルを使って美しい響きを表現しよう。

※ 必要に応じて部分的に何回も繰り返したり、音高を変えたりして、動きに適した弾き方を工夫しよう。
　楽譜12〜14は効果音や合図の音として、場面に応じて適宜使用してみよう。

　次の楽譜12は黒鍵による5連符である。楽譜3で学習したグリッサンド奏法で弾いてみよう。

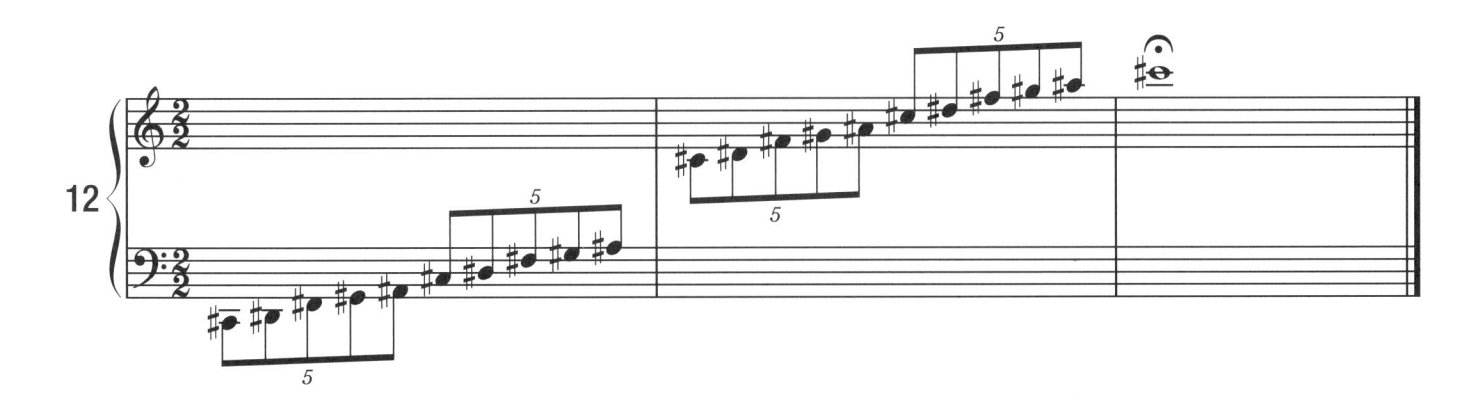

　次の楽譜13の①②は全音音階である。鍵盤図でパターンを確認してなめらかに弾こう。

※ L.H. は左手、R.H. は右手のこと。この曲の場合は、黒鍵を左手、白鍵を右手で弾く。

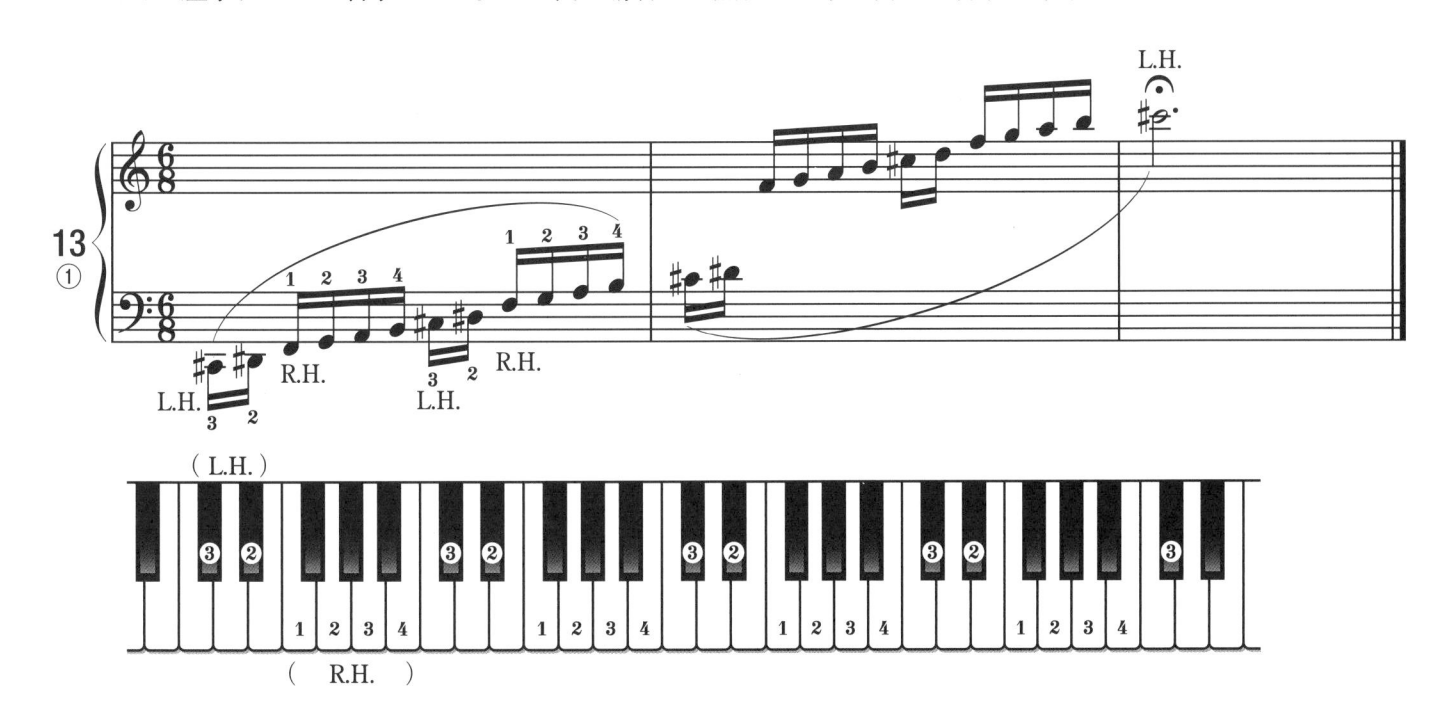

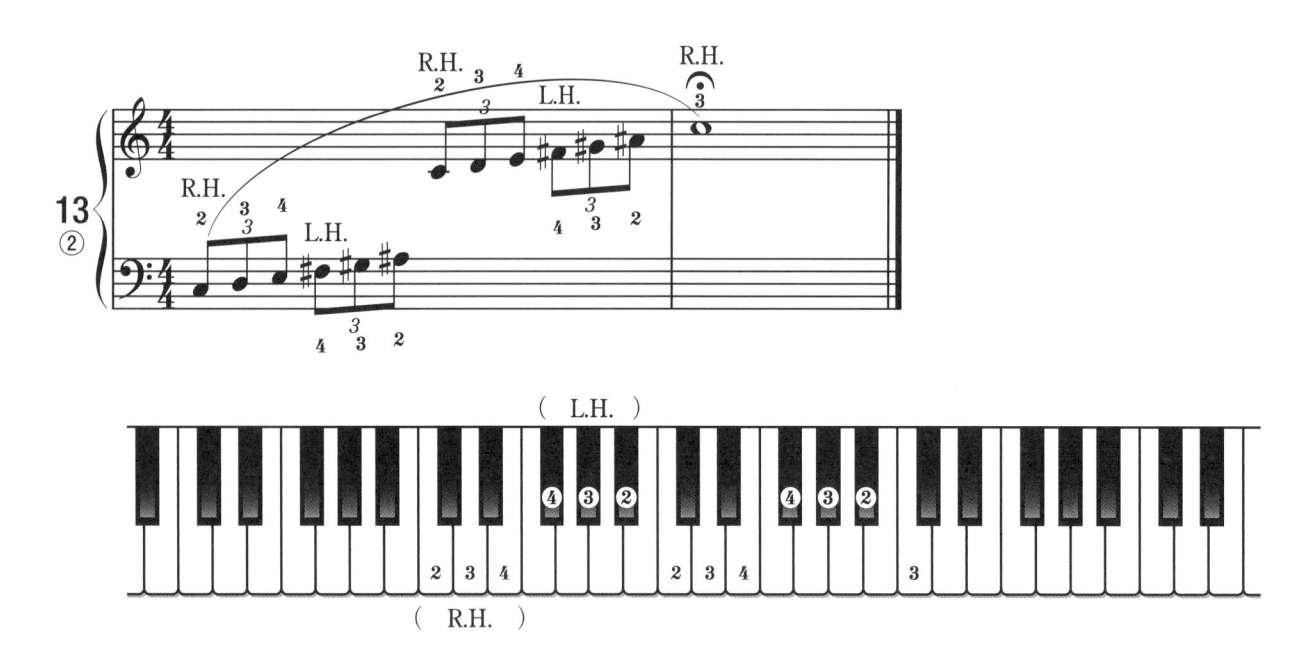

※ 楽譜 12 および 13 はペダルを使い、調、速度、動きを変える合図として、また変身する時のイメージで回転する時に活用するとよい。

楽譜 14 ②はアルペジオ〈注 17〉である。ペダルを使って響きをよく聴きながら弾こう。アルペジオは分散和音の一種で、和音を構成する音を一音ずつ低い音から（または高い音から）順番に弾く。

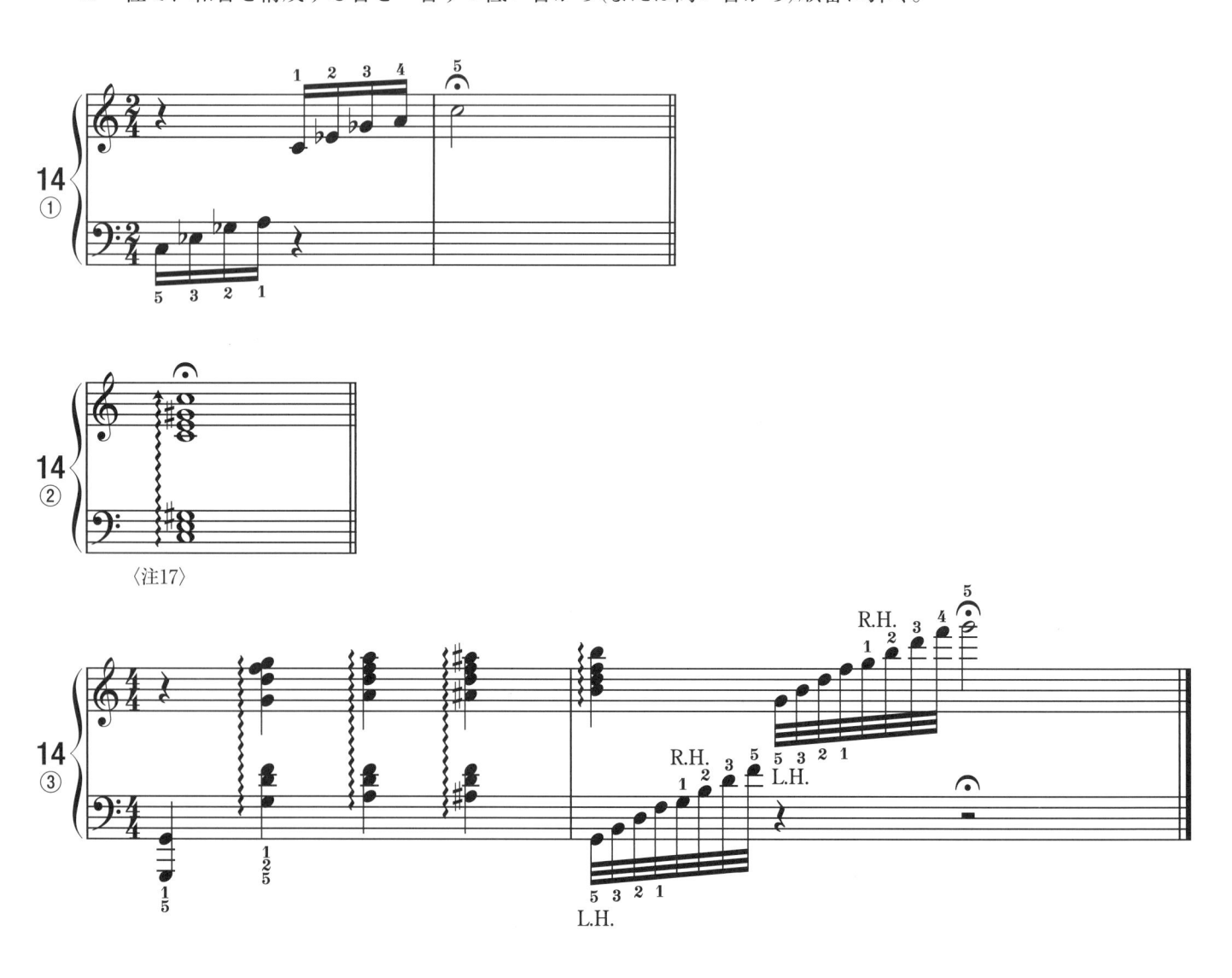

〈注17〉

◆◆◆ 自由表現教材 ◆◆◆

1つの曲でもたくさんの表現が楽しめる。ここでは、参考程度のナレーションをつけ加えているが、その他にも子どもの自由な表現を引き出すための言葉かけや表情豊かなナレーションを工夫してみよう。

1 うさぎ・かえる・カンガルー・バッタになって

〈その他の活用例〉
・オクターブ上げて弾く……うさぎやかえるの赤ちゃん。バッタ。
・オクターブ下げて弾く……2人組になって、赤ちゃんを袋に入れた親子カンガルー。

2 ぞうの散歩

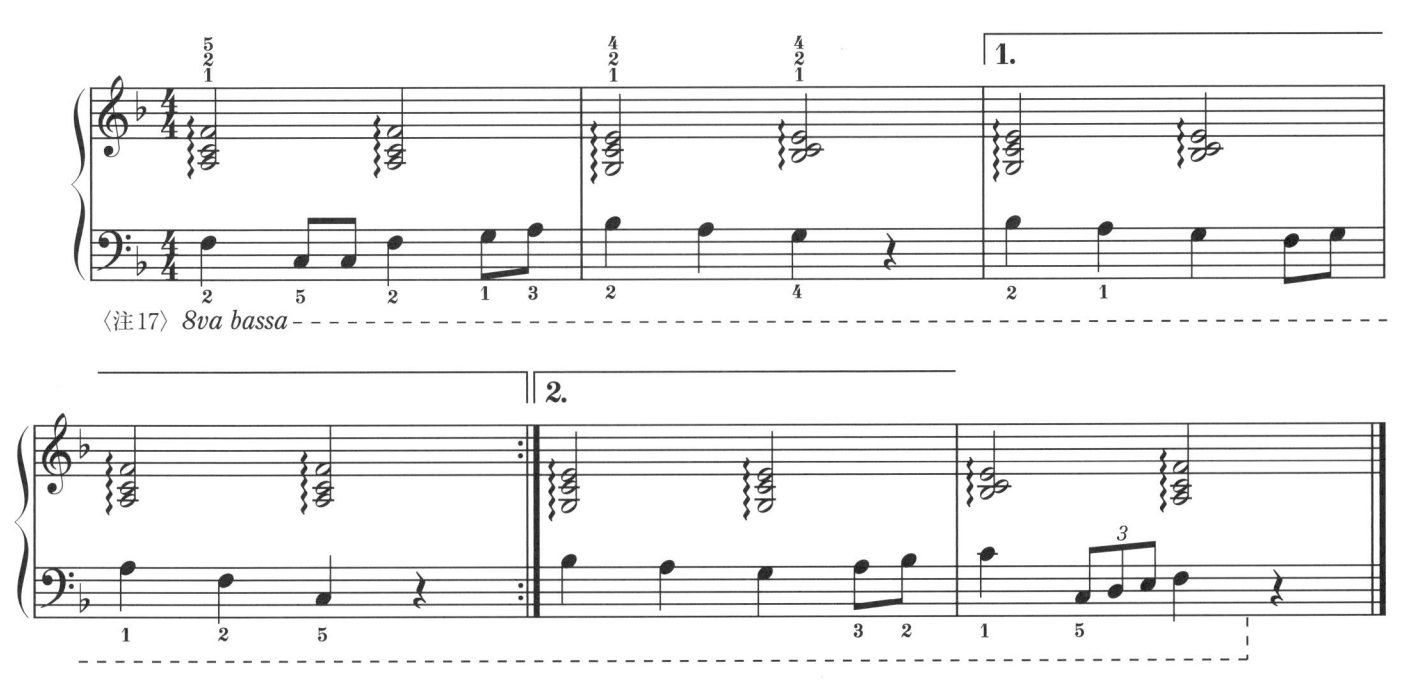

〈注17〉 *8va bassa* は、1オクターブ下で弾く。(P.39の注8参照)

身体表現教材　85

〈その他の活用例〉

・少しおそめに弾く……カバのあくび、ゴリラやくまの散歩。
・オクターブ上げ、速めにかわいらしく弾く……うさぎの散歩。

③ はらぺこおおかみ

（ナレーション）はらぺこおおかみがやって来ましたよ。

（ナレーション）だれからも遊んでもらえない、さみしそうなおおかみさん。

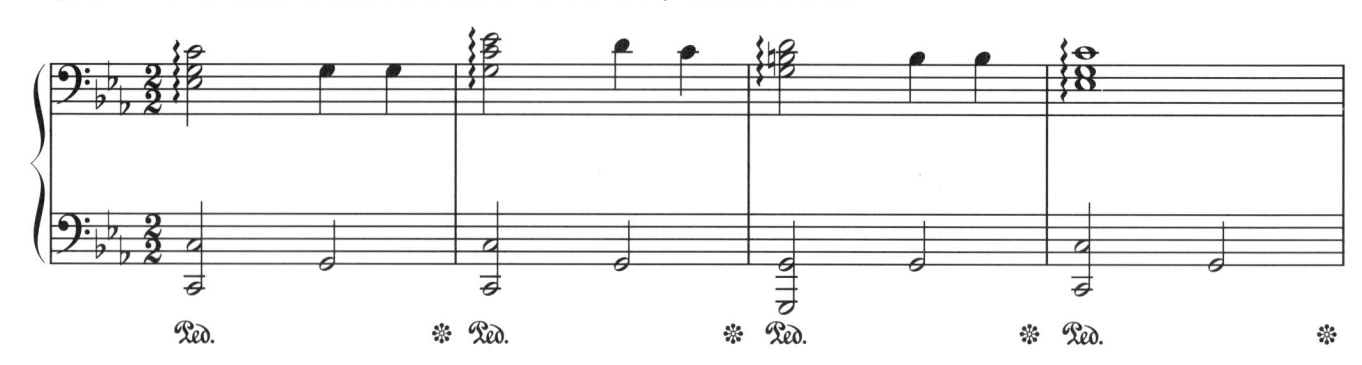

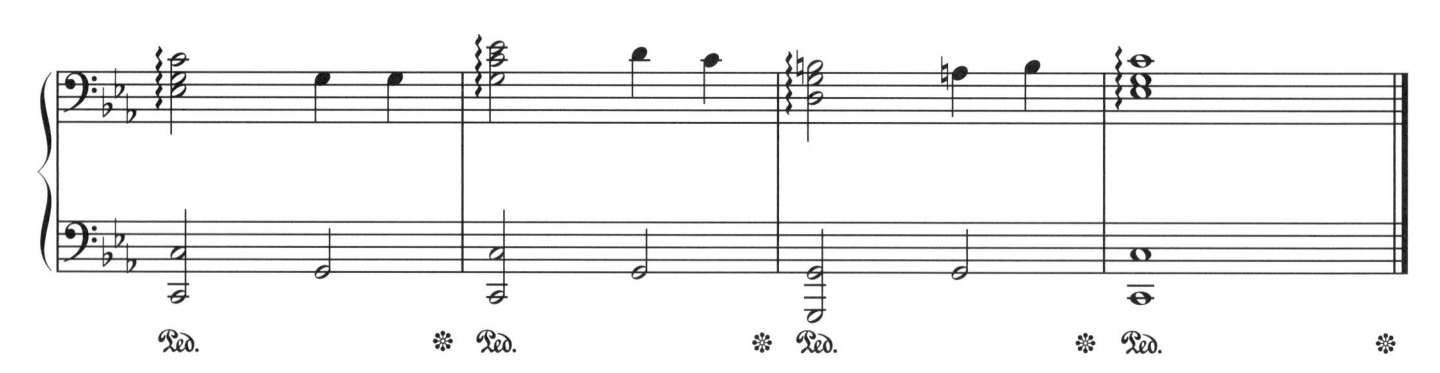

（ナレーション）ほんとにかわいそうなおおかみさんだったね。これからおおかみさんは、どうなるんだろう。

4 ことりになって

〈注18〉 *simile*（シミレ）：同様に。

〈その他の活用例〉

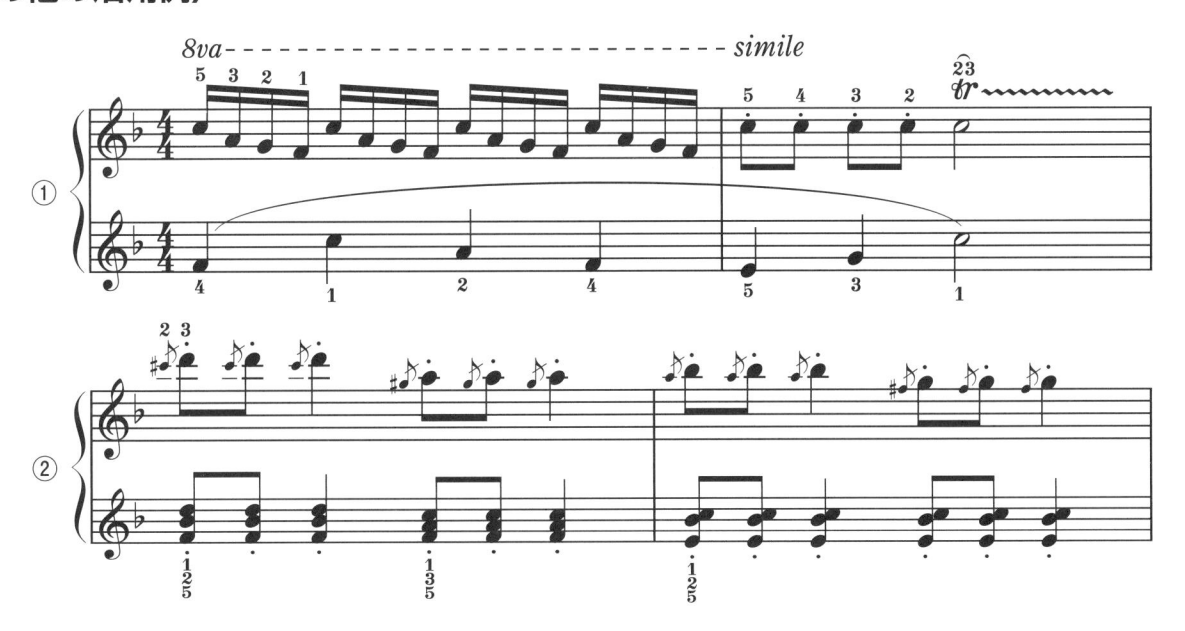

弾き方	①	②
楽譜どおりに弾く	ことりが大空を気持ちよさそうに とんでいます。	ことりが おしゃべりしています。
オクターブ上げて、少しゆっくり弾く	ちょうちょが 花にとまって みつをすっています。	ちょうちょが優雅に とんでいます。
オクターブ上げて、はやく弾く	行き交うありさんと ごあいさつ。	ありが忙しそうに 働いています。
オクターブ下げて弾く	もぐらが 穴の中から顔を出して外の景色ながめています。	もぐらが 穴をほっています。

身体表現教材

5 木の葉になって

（ナレーション）木の葉が楽しそうにおしゃべりしているよ。

（ナレーション）風がふいて来て、木の葉の踊りが始まりました。

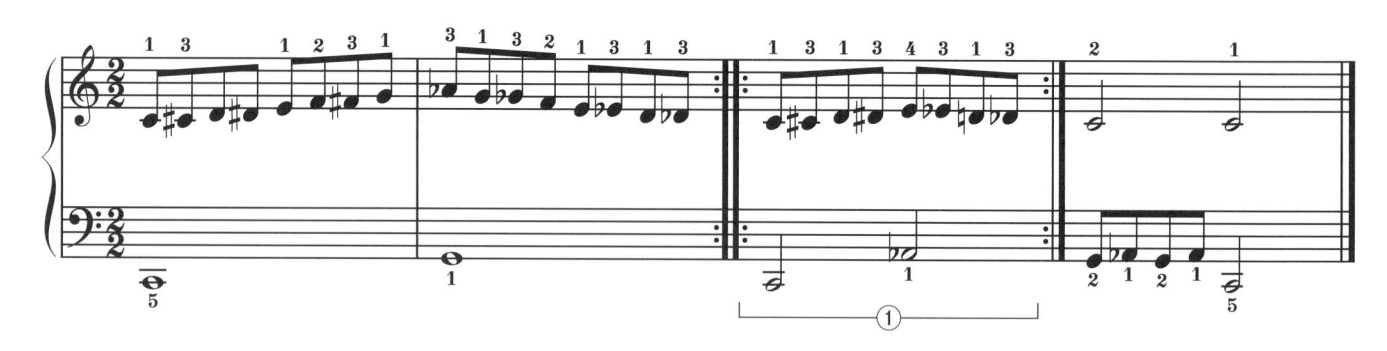

〈その他の活用例〉

① の小節をオクターブ下げて弾く………へび

〈注19〉トレモロは、音を急速に反復して奏する。
　　　　手首や肩の力を抜き、鍵盤からあまり指を離さず、音の粒をそろえて弾く。

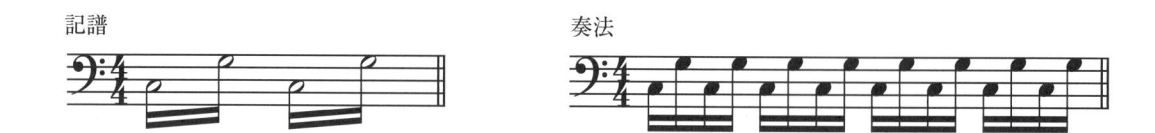

記譜　　　　　　　　　　　　　　　　　奏法

6 ロケット

（ナレーション）みんなで声を合わせて。5、4、3、2、1、しゅっぱーつ!!

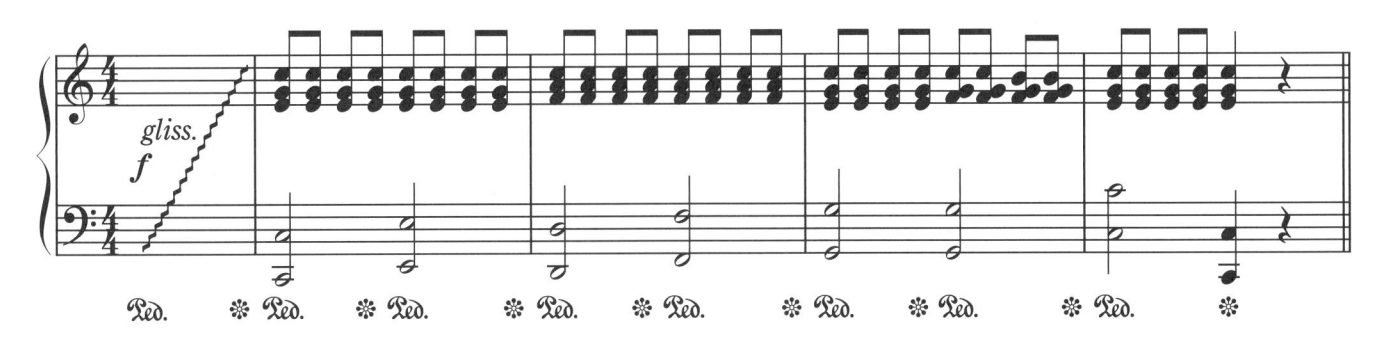

（ナレーション）月に着陸しました。さあ、宇宙探険だ!!

（ナレーション）からだがふわ ふわして歩き にくいぞ!! みんな はなれるな。

（ナレーション）ああ、おもしろかった。さあ、ロケットにのって帰りましょう。

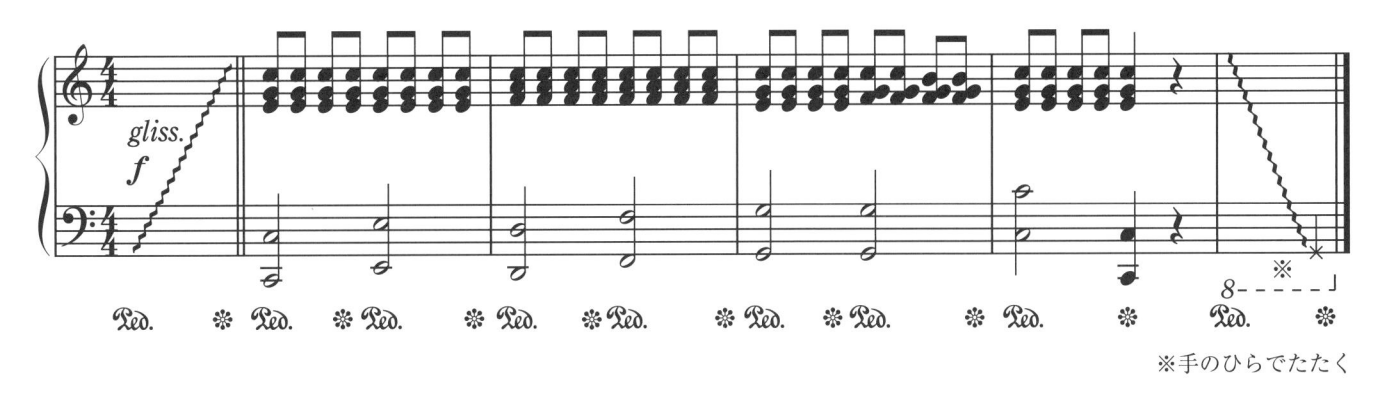

※手のひらでたたく

（ナレーション）無事、地球へ着陸成功!!

補充教材

〈ピアノ教材〉

バイエル No.100

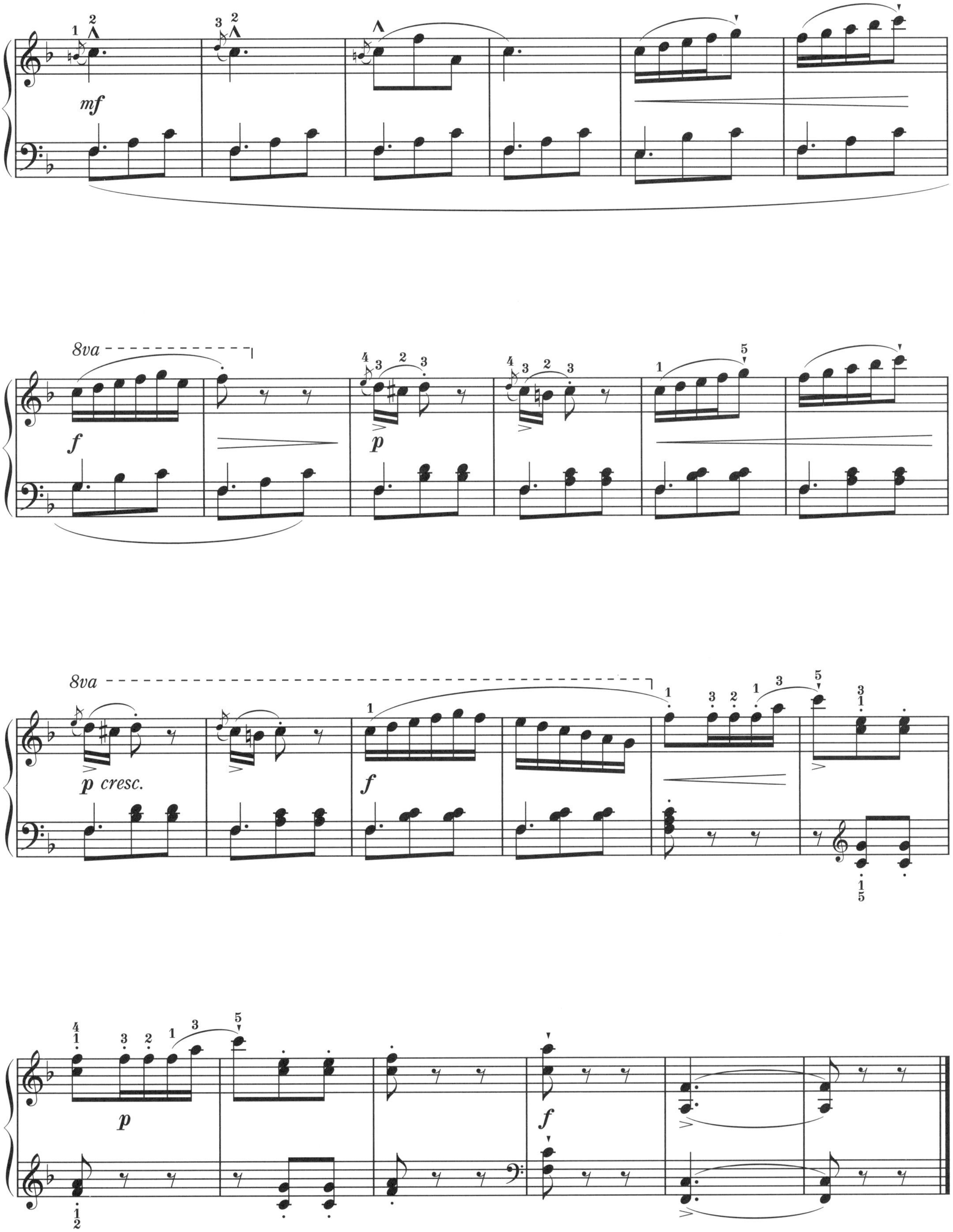
mf
8va
f
p
p cresc.
f
p
f

アラベスク

ブルクミュラー 作曲

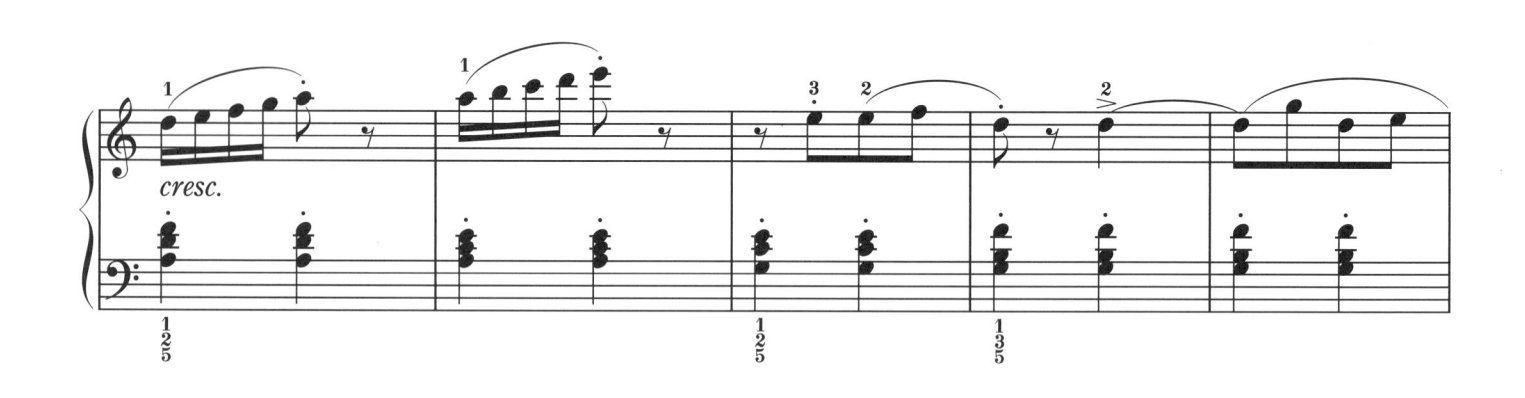

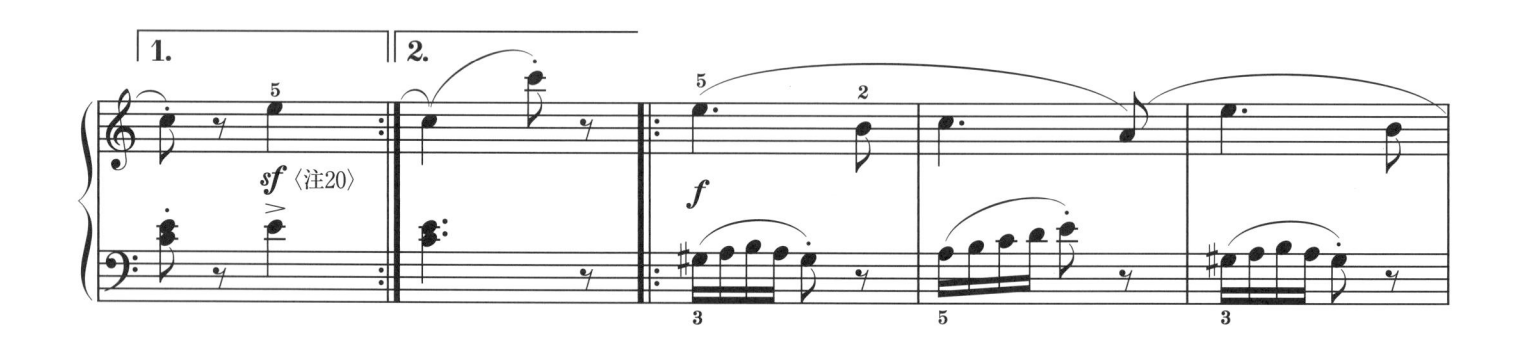

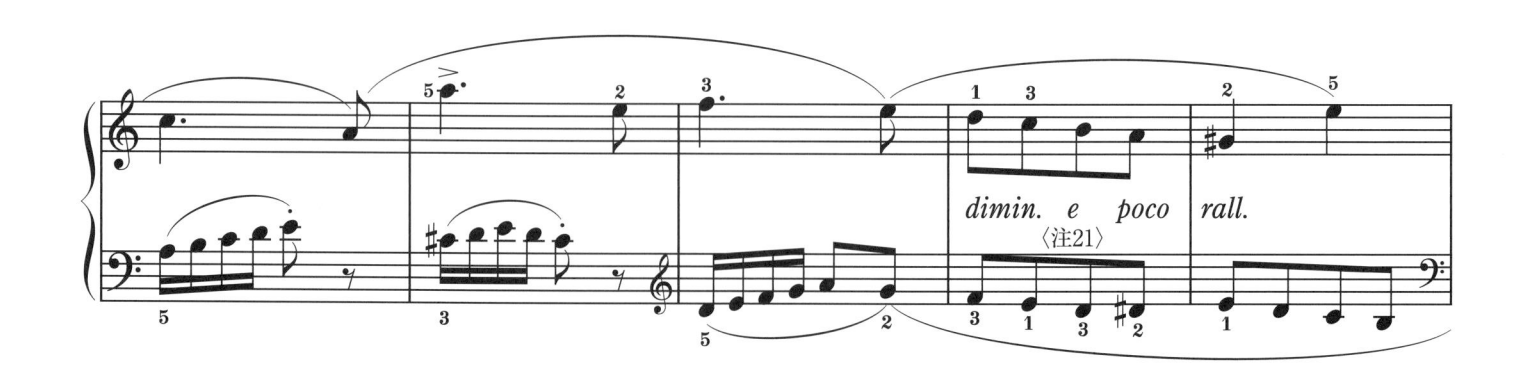

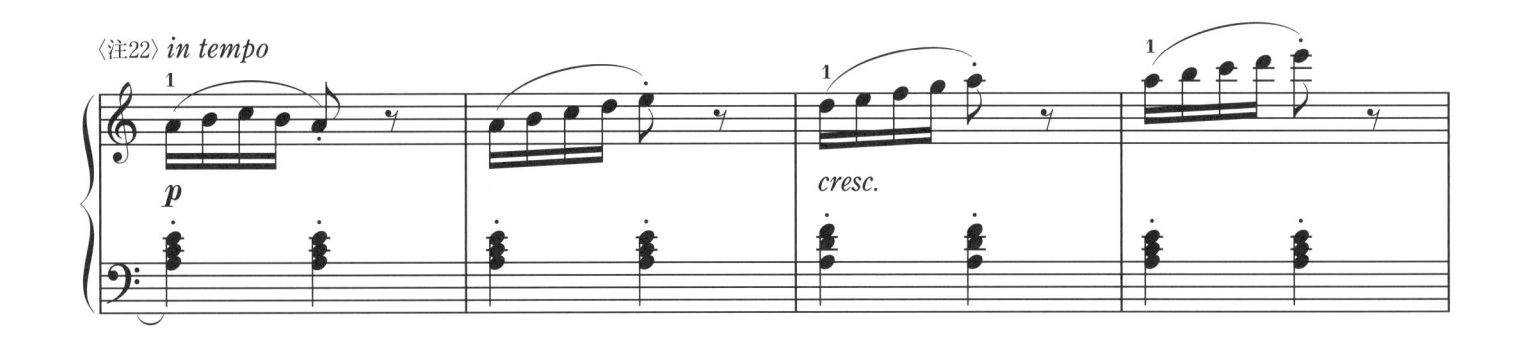

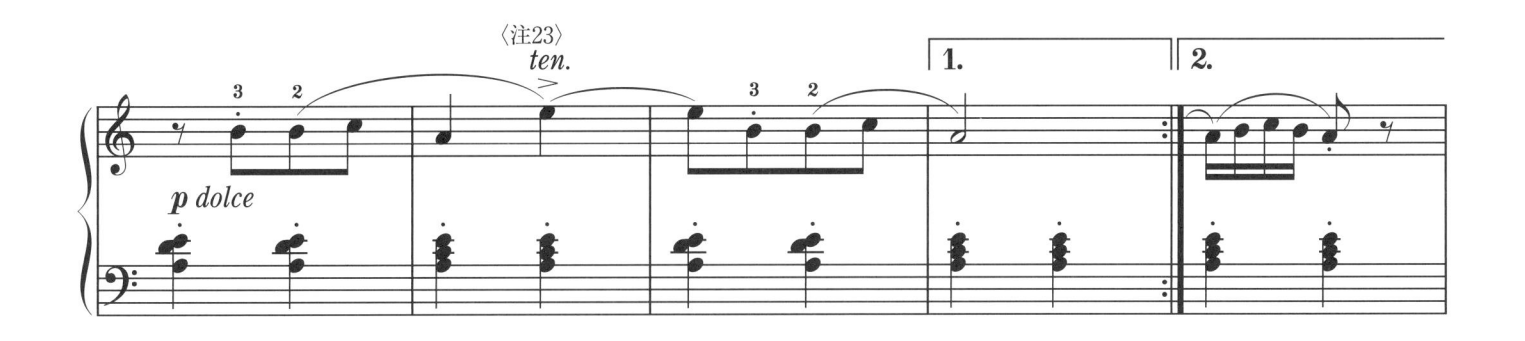

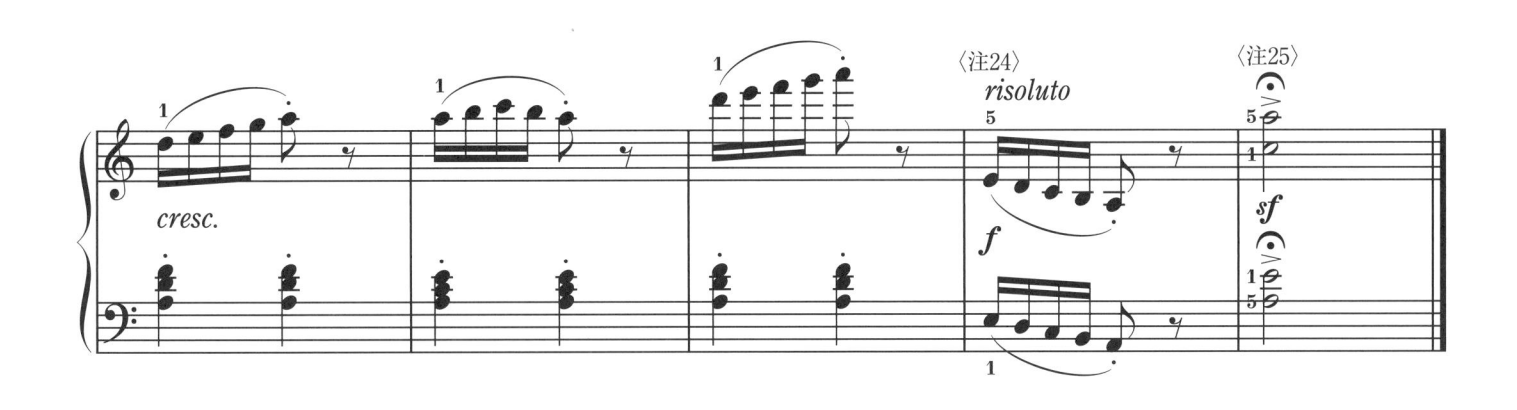

〈注20〉*sf*（スフォルツァンド）：その音だけ強く。

〈注21〉*dimin. e poco rall.*（ディミヌエンド・エ・ポコ・ラレンタンド）：だんだん弱く、そして少しだんだん遅く。

〈注22〉*in tempo*（イン・テンポ）：正確な拍子で。

〈注23〉♩ *ten.*（テヌート）：その音の長さを十分に保って。

〈注24〉*risoluto*（リゾルート）：決然と。

〈注25〉（フェルマータ）：その音符や休符を長く伸ばす。

補充教材

ソナチネ Op.36-1

クレメンティ 作曲

Allegro

95

〈歌唱教材〉

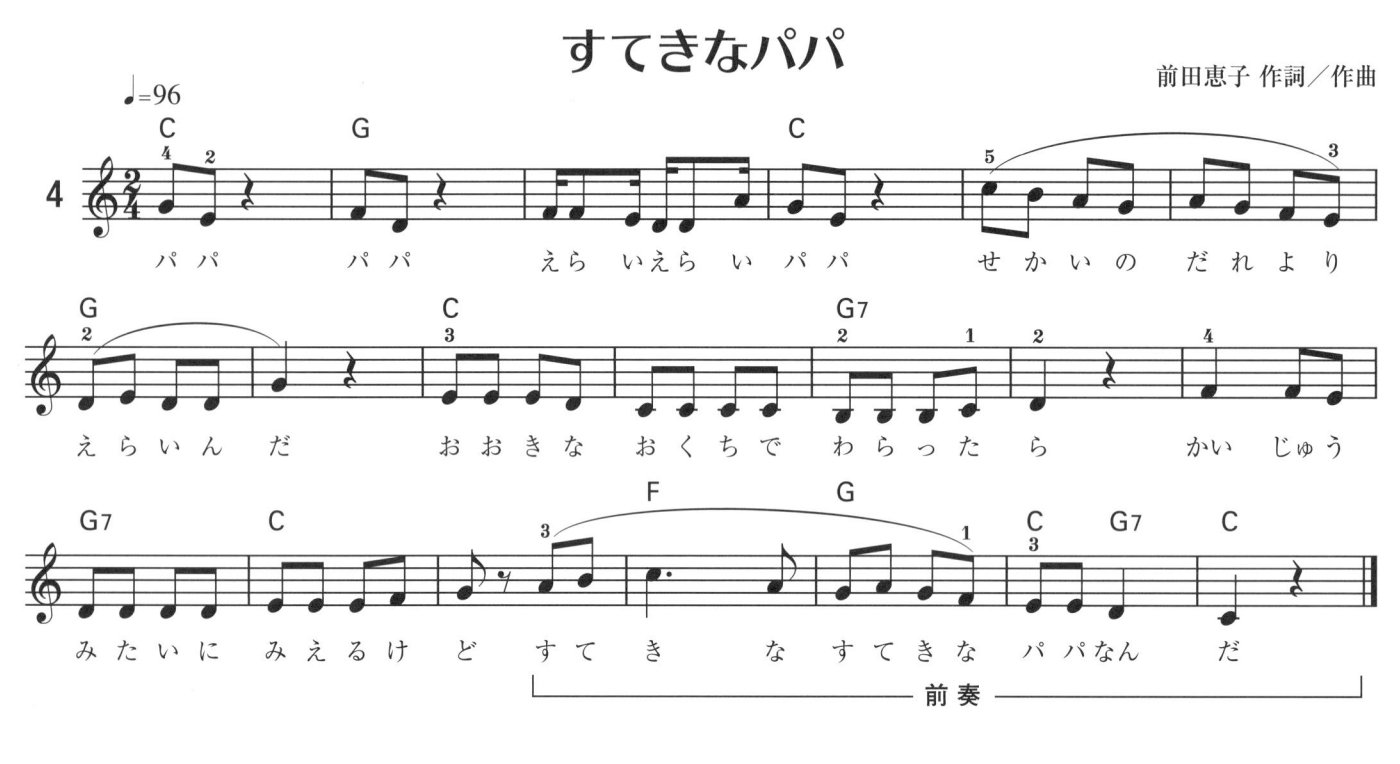

すてきなパパ

前田恵子 作詞／作曲

おもちゃのチャチャチャ

野坂昭如 作詞／吉岡　治 補作／越部信義 作曲

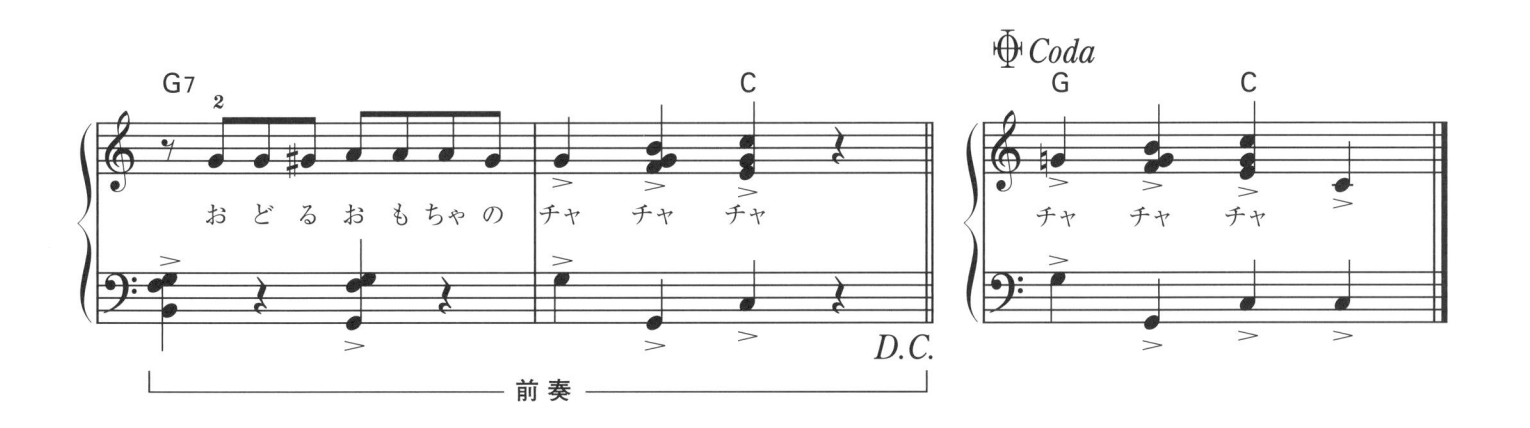

線路はつづくよどこまでも

佐木 敏 作詞／アメリカ民謡

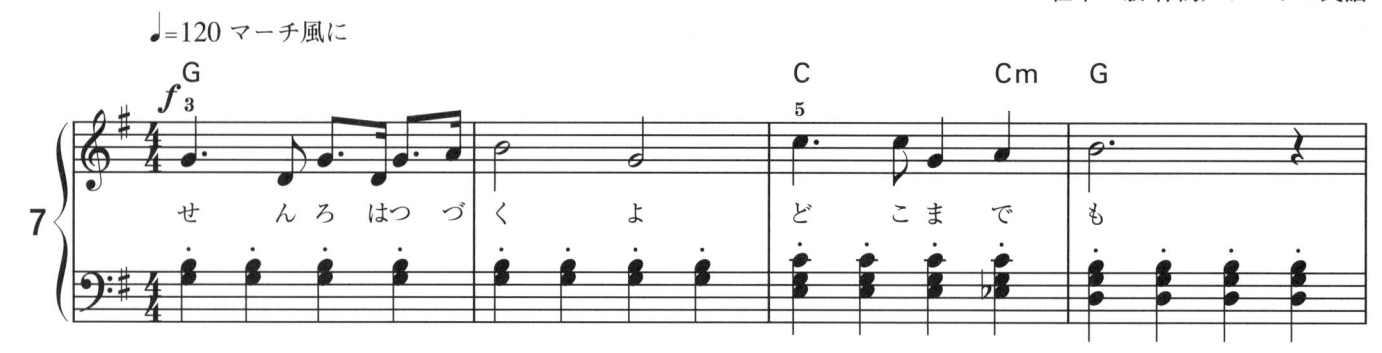

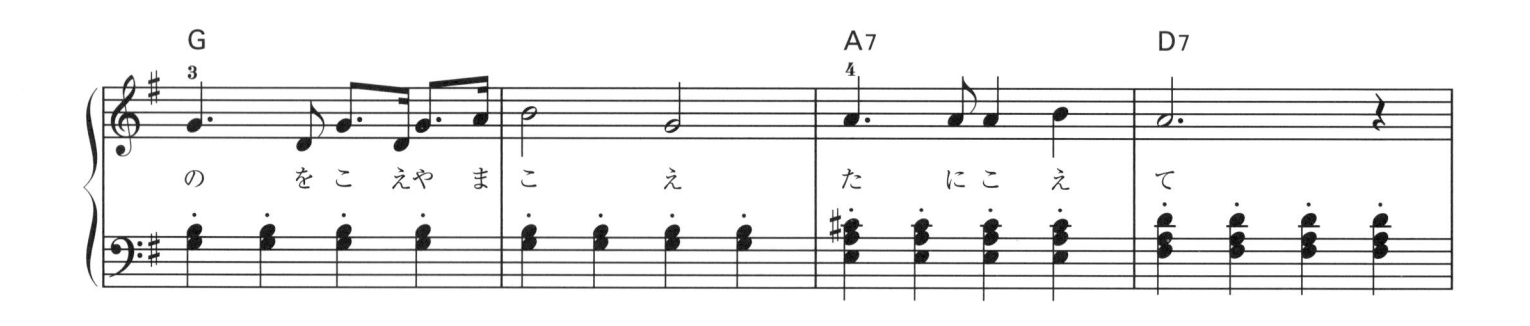

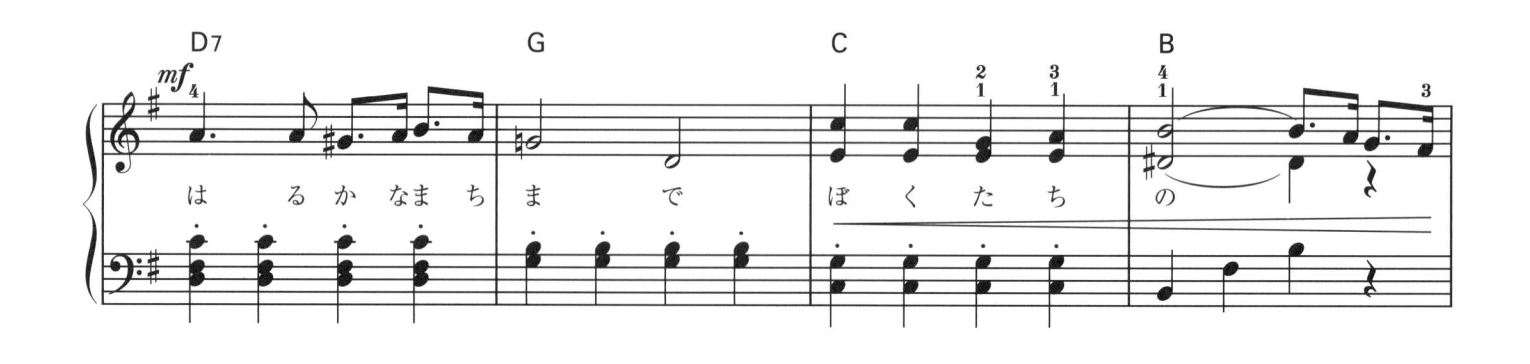

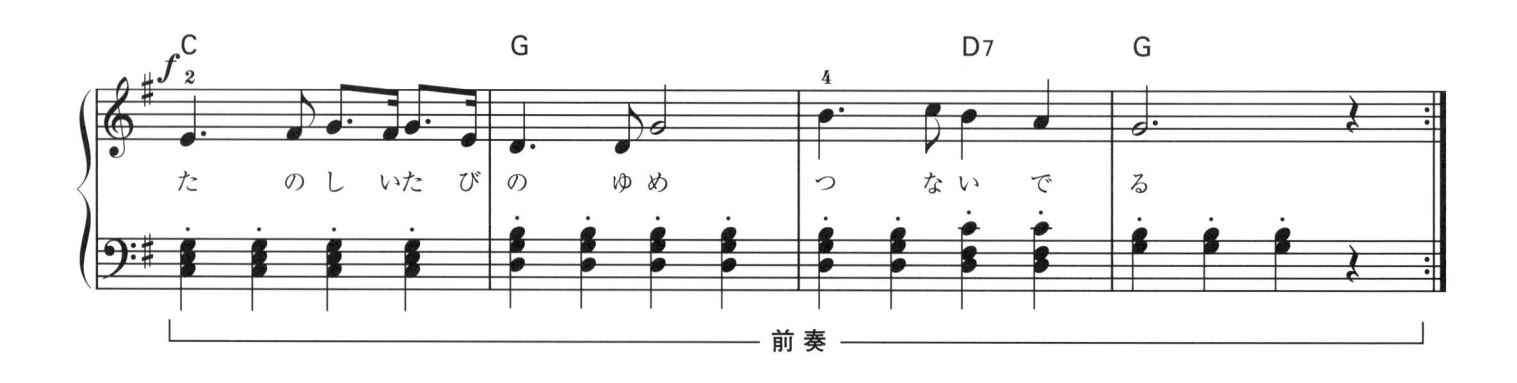

たなばたさま

権藤はなよ・林　柳波 作詞／下総皖一 作曲

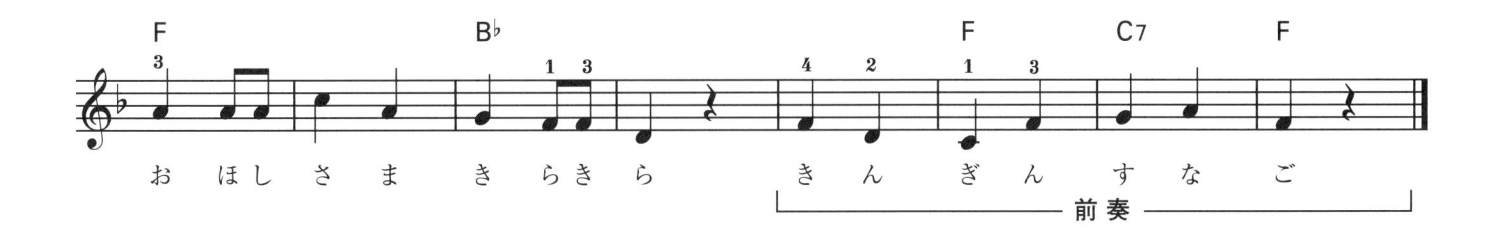

さ さ の は さ ら さ ら の き ば に ゆ れ る
お ほ し さ ま き ら き ら き ん ぎ ん す な ご
前奏

ハッピー・バースディ・トゥ・ユー

P.S.ヒル & M.J.ヒル 作詞／作曲

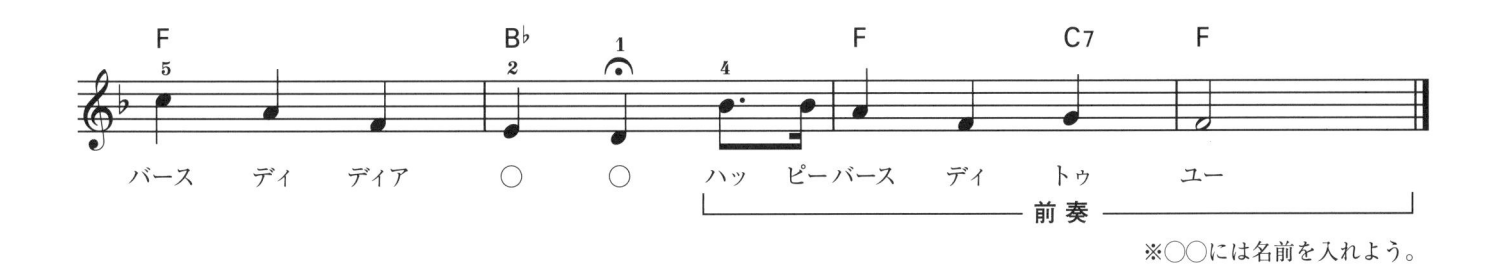

ハッ ピー バース ディ トゥ ユー ハッ ピーバース ディ トゥ ユー ハッ ピー
バース ディ ディア ○ ○ ハッ ピーバース ディ トゥ ユー
前奏

※○○には名前を入れよう。

うれしいひなまつり

山野三郎 作詞／河村光陽 作曲

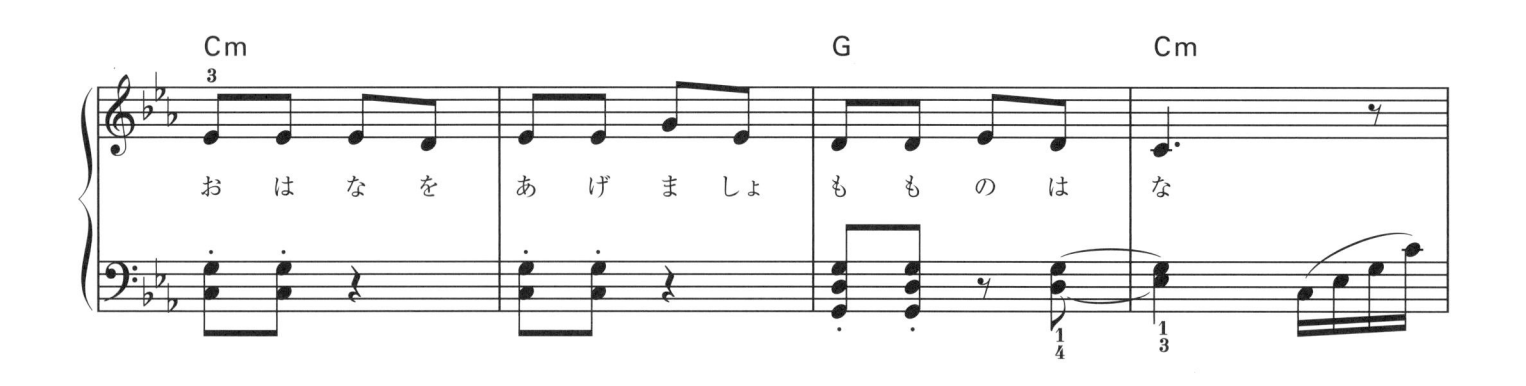

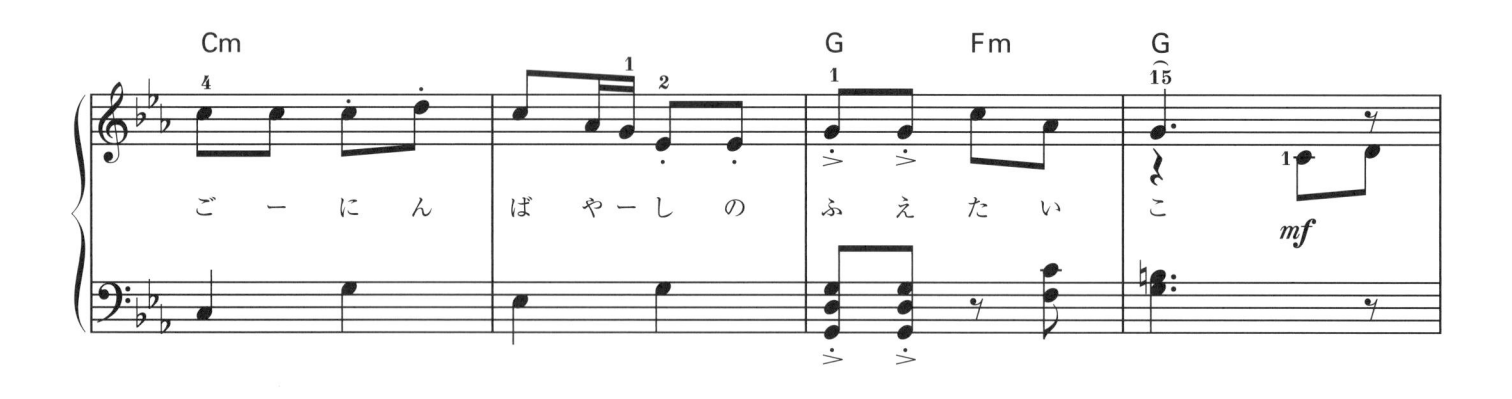

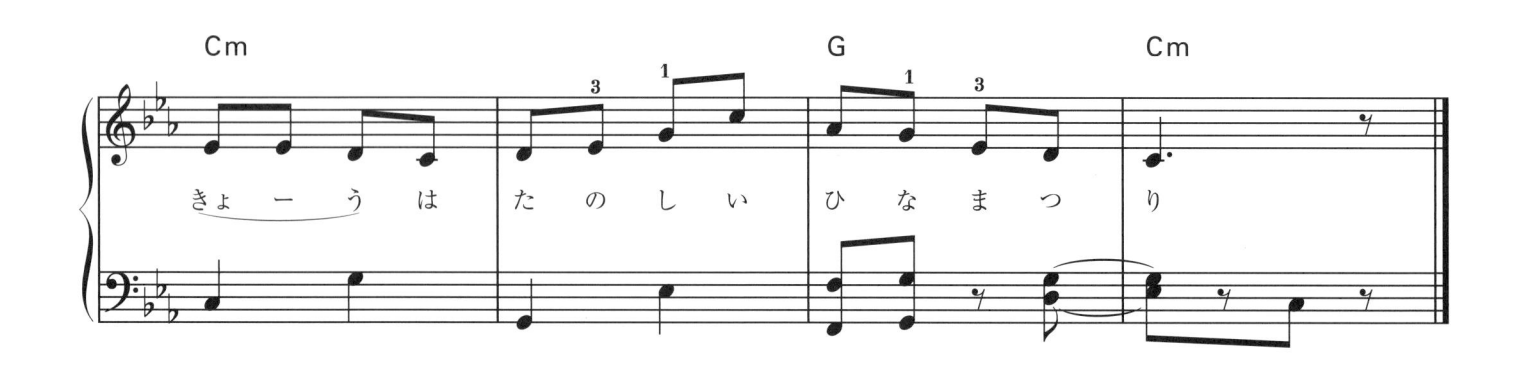

〈身体表現教材〉

みつばちマーチ

次の「みつばちマーチ」でいろいろな動きを体験させよう。今まで学習したことを参考にして、**伴奏型、速度、強弱、リズム**などを自由にアレンジしながら弾いてみよう。**調性の違い**を感じながら、他の調でも弾いてみよう。

外国曲

ミッキーマウス・マーチ

リズムにのってスキップやギャロップで移動することを経験させよう。

ジミー・ドッド 作曲

おもちゃのマーチ

海野 厚 作詞／小田島樹人 作曲／西崎嘉太郎 編曲

1. やっとこ
2. やっとこ
やっとこ くりだしたり おもちゃの マーチが
やっとこ ひとまわり キューピも ぽっぽも

ラッタッタ にんぎょうの へいたい せいぞろい
ラッタッタ フランス にんぎょうも とびだし

いて おうまも こいぬも ラッパ タッパラ タッパン
ふえふきゃ たいこが

【遊び方の例】

（運動会のシーズンに）

① おもちゃの兵隊さんをイメージさせて「おもちゃのマーチ」に合わせて歩く。

② 色々な歩き方をさせる(つま先・かかと・内股・外股・大股・小股・抜き足差し足・威張って・強そうに・とても疲れて・優しく・怒って・悲しそうに・楽しそうに)。……「悲しそうに」の時は「おもちゃのマーチ」のレとラを半音下げる。

③ 音楽が止まったら、歩くのをやめて、おもちゃの兵隊さんの銅像になる。

④ 「おもちゃのマーチ」を歌いながら歩く。大きな音(たいこや笛など)がしたら、クルッと向きを変える。

補充教材

白熊のジェンカ

ケン・ウォール 作曲

[楽譜: F - C7]
かあさんの しろくまさんは ジャブジャブ スイスイ およぐ

[楽譜: F - C7 - F]
あかちゃんの しろくまさんは チャポチャポ バタバタ およごう

【遊び方の例】

① 手拍子→足踏み（音程をつけずに「レッツ タップ ワンツースリー」の言葉とリズムで練習する）。
② その場でジャンプする。
③ 好きな所に移動しながら8小節で笛が鳴ったら近くの人とじゃんけんし、負けた人は勝った人の後ろにつながる。
④ フレーズが感じられるようになったら、好きな楽器を持たせる（カスタネット・タンブリン・鈴・大太鼓・小太鼓・マラカスなど）。
⑤ それぞれの楽器を1フレーズずつリレーし、全員合奏、二つに分けるなどして合奏する。
⑥ 指揮者を立たせ、好きなように指示を出させ、即興の合奏を楽しむ。

おおかみがきたぞ〜

　音楽に合わせて鬼ごっこをさせよう。子どもたちは気持ちが高揚すると駆け出しがちなため、ピアノの音に合わせてステップさせよう（手拍子から始めてもよい）。

[楽譜]

補充教材　105

TARO MARCH

リズムにのってスキップやジャンプをさせてみよう。

アメリカ民謡

ぞうさん

いろいろな音の高さで「ぞうさん」を弾き、「どんなぞうさんかな?」と問いかけながら長い鼻がゆれるイメージを表現させてみよう(おじいさんぞうさん、おかあさんぞうさん、赤ちゃんぞうさん……など)。
速度や強弱に変化を持たせ、**動く空間の大小**も動作で表現できるようにしよう。

團 伊玖磨 作曲

ケンパであそぼう

遊び方の例を参考にして、自由な動きを子どもたちと一緒に考えてみよう。

阪田實夫 作詞／越部信義 作曲

かたあしとびでケンケンケン　りょうあしひらいてパーのパ
かたあしとびでケンケンケン　りょうあしひらいてパーのパ
ケン　ケン　パ　ケン　ケン　パ　ケンパであそぼう　ハイ
ケン　ケン　パ　ケン　パ　ケン　パ　ケン　ボ　パ

補充教材 107

【遊び方の例】

① 14小節までは、その場あるいは自由に駆け足をしながら歌い、「ケンケンケン」「パーのパ」は言葉に合わせて足を動かして遊ぶ。

②「ハイ！」のところでジャンプしたり、ペアになってじゃんけんしたりする。負けた方が勝った子の肩に手を置いて前後に連なってケンパで移動する。あいこのときは2人で仲良く手をつないでケンパをする。

③ 指導者が自由に間奏を入れる。その間、1人で自由にスキップや駆け足で移動し、前奏が戻ったら新しいペアになって繰り返す。

【編集委員】

米倉慶子
（九州地区学会　会長）

櫻井琴音
（編集責任者）

尾家京子	二宮貴之
大津山姿子	野口美乃里
加藤みゆき	濱崎隆子
黒木知美	早川純子
新村元植	日吉　武
寺薗玲子	宮原貴子
中島加奈	吉岡まり子

（五十音順）

表紙●アドウィンズ		楽譜浄書●NHKビジネスクリエイト	

出版情報&ショッピング カワイ出版ONLINE　http://editionkawai.jp
携帯サイトはこちら▶

保育士・幼稚園教諭・小学校教諭養成のための
ピアノテキスト

発行日● 2014 年 4 月 1 日　第 1 刷発行	編　著●全国大学音楽教育学会　九州地区学会
2024 年 3 月 1 日　第 15 刷発行	発行所●カワイ出版（株式会社 全音楽譜出版社 カワイ出版部）
	〒161-0034　東京都新宿区上落合 2-13-3
	TEL.03-3227-6286　FAX.03-3227-6296
表紙●アドウィンズ	楽譜浄書●NHKビジネスクリエイト
	印刷 / 製本●NHKビジネスクリエイト
	日本音楽著作権協会(出)許諾第1403025-415号
	© 2014 by edition KAWAI, a division of Zen-On Music Co., Ltd.

本書よりの転載はお断りします。
落丁・乱丁本はお取り替え致します。
本書のデザインや仕様は予告なく変更される場合がございます。

ISBN978-4-7609-0338-2

皆様へのお願い

楽譜や歌詞・音楽書などの出版物を権利者に無断で複製（コピー）することは、著作権の侵害（私的利用など特別な場合を除く）にあたり、著作権法により罰せられます。また、出版物からの不法なコピーが行われますと、出版社は正常な出版活動が困難となり、ついには皆様方が必要とされるものも出版できなくなります。
音楽出版社と日本音楽著作権協会（JASRAC）は、著作者の権利を守り、なおいっそう優れた作品の出版普及に全力をあげて努力してまいります。どうか不法コピーの防止に、皆様方のご協力をお願い申しあげます。

カワイ出版
一般社団法人　日本音楽著作権協会

こどものためのピアノ曲集

こどものせかい　湯山　昭 / 作曲
こどものゆめ　中田喜直 / 作曲
ちいさな詩人たち　服部公一 / 作曲
音の森　三善　晃 / 作曲
ちいさなパレット　佐藤敏直 / 作曲
虹のリズム　平吉毅州 / 作曲
音のメルヘン　石井　歓 / 作曲
24の前奏曲　芥川也寸志 / 作曲
日本のうた変奏曲集　三宅榛名 / 作曲
こどものアルバム　野田暉行 / 作曲
ブルドッグのブルース　三枝成彰 / 作曲
あおいオルゴール　大中　恩 / 作曲
マザー・グースによる25のうた　浦田健次郎 / 作曲
エテュード・アルモニーク　萩原英彦 / 作曲
ピアノのらくがき　佐藤敏直 / 作曲
南の風　平吉毅州 / 作曲
ピアノとおはなし　石井　歓 / 作曲
ピアノの小径（こみち）　間宮芳生 / 作曲
お話ころんだ　池辺晋一郎 / 作曲
陽のかなしみ　荻久保和明 / 作曲
風のプレリュード　新実徳英 / 作曲
不思議の国のアリス　木下牧子 / 作曲
風がうたう歌　鵜﨑庚一 / 作曲
ぬいぐるみのゆめ　小森昭宏 / 作曲
星のどうぶつたち　田中カレン / 作曲
あしおとがきこえる　北爪やよひ / 作曲
虹の花束　北浦恒人 / 作曲
おとぎの国へ迷いんぼ　錦　かよ子 / 作曲
風のうた　岡　利次郎 / 作曲
こどものファンタジー　洗足学園大学付属音楽教室 編
小鳥になったモーツァルト　湯山　昭 / 作曲
こどもの舞曲集　鈴木憲夫 / 作曲
ゆめのなかのできごと　内田勝人 / 作曲
春になったら…（増補版）　平吉毅州 / 作曲

光のこどもたち　田中カレン / 作曲
地球　田中カレン / 作曲
バナナ・シェイク・ラグ　大政直人 / 作曲
子どもの庭　有馬礼子 / 作曲
風のダンス　有馬礼子 / 作曲
スケッチブック　佐藤敏直 / 作曲
翔くんのピアノファンタジー　佐藤　眞 / 作曲
みんなともだち　寺岡悦子 / 作曲
音の栞　音の栞II　音の栞III　三善　晃 / 作曲
こだまの森　三善　晃 / 作曲
さらり・しきたりI／II　嵐野英彦 / 作曲
ピカソくんをたたえて　寺嶋陸也 / 作曲
空のおと　風のうた　北爪やよひ / 作曲
むかしのこども　いまのこども　谷川賢作 / 作曲
満月の夜に　菱沼尚子 / 作曲
そよ風が吹いてきたら　鵜﨑庚一 / 作曲
地球の詩　なかにしあかね / 作曲
さよならさんかく　千原英喜 / 作曲
なにしてあそぶ？　安倍美穂 / 作曲
お日さまのキャンバス　糀場富美子 / 作曲
スタートダッシュ　信長貴富 / 作曲
ようこそピアノ・アイランドへ　小原　孝 / 作曲
新しいくつと青い空　後藤ミカ / 作曲
ひなげし通りのピム　春畑セロリ / 作曲
パレードが行くよ　森山智宏 / 作曲
どこでも大発見　中川俊郎 / 作曲
聞こえなくなった汽笛　中川俊郎 / 作曲
朝のスケッチ　名田綾子 / 作曲
風のおくりもの　秋元恵理子 / 作曲
森の中の小道にて　鵜﨑庚一 / 作曲
黒猫クロのとおりみち　三宅悠太 / 作曲
虹とスキップ　高橋由紀 / 作曲
ちいさないのち　久米詔子 / 作曲